Le droit à la santé et la prison

Quelle protection, quels enjeux ?

Comité International des Pénalistes Francophones

La présente collection se destine à la publication des travaux du Comité des Pénalistes francophones. Elle comprend notamment les actes des congrès internationaux organisés par le Comité.

Jean-Paul Céré (dir.)

Le droit à la santé et la prison

Quelle protection, quels enjeux ?

L'Harmattan

5-7, rue de l'Ecole-Polytechnique, 75005 Paris

http://www.editions-harmattan.fr

ISBN : 978-2-343-12464-3

EAN : 9782343124643

Les auteurs

Philippe AUDOUARD, *Directeur fonctionnel du service pénitentiaire d'insertion et de probation du Lot-et-Garonne*

Tarsis BARRETO OLIVEIRA, *Professeur à l'Université Fédérale de Tocantins*

Josep CASADEVALL, *Ancien Vice-Président de la Cour européenne des droits de l'homme*

Artur De BRITO GUEIROS, *Professeur de Droit Pénal à l'Université d'État de Rio de Janeiro, Procureur régional de la République, Rio de Janeiro*

Rodrigo De SOUZA COSTA, *Professeur à l'Université Fédérale Fluminense de Niteroi*

Pascal FAUCHER, *Vice-Président de l'application des peines, TGI Bordeaux, Ancien Président de l'Association Nationale des juges de l'application des peines*

Jean GOURDOU, *Professeur à l'Université de Pau, Directeur de Pau droit Public*

Jean-Christophe MULLER, *Procureur de la République, TGI de Pau*

Adeline HAZAN, *Contrôleure générale des lieux de privation de liberté*

Carlos Edouardo JAPIASSÚ, *Professeur à l'Université d'Etat de Rio de Janeiro (Brésil) et à l'Université Fédérale de Rio de Janeiro (UFRJ), Coordinateur du PPGD/UNESA, Secrétaire général de l'Association Internationale de Droit Pénal, Vice président du Comité International des Pénalistes Francophones*

Estelle SUDRE, *Praticien Hospitalier à l'UHSI de Bordeaux*

André VARIGNON, *Directeur du centre pénitentiaire de Mont-de-Marsan*

François VIALLA, *Professeur à l'Université de Montpellier, Directeur du centre européen d'études et de recherche droit et santé, UMR 5815 – S ASMES*

Les auteurs

Avant-propos

Sous l'influence notamment du droit supra national, la France s'est dotée pour la première fois d'une loi pénitentiaire, le 24 novembre 2009. Plus propice à assurer les droits des personnes incarcérées, cette loi est censée aligner les droits du malade détenu sur ceux de la personne libre. Le droit à la santé des personnes détenues figure en effet au rang des droits fondamentaux. Elle fait bénéficier, par ailleurs, certaines catégories spécifiques de détenus de dispositions protectrices. Ainsi, les autorités pénitentiaires sont invitées à intégrer une situation de handicap. Depuis, d'autres lois sont venues renforcer le dispositif, notamment la loi du 15 août 2014 qui a étendu les possibilités de recourir à la mesure de suspension médicale de peine. Cette protection du droit à la santé des détenus se retrouve aussi au Brésil, dans les termes de la loi pénitentiaire qui impose à l'administration le devoir d'assurer des soins préventifs et curatifs.

Le respect du droit à la santé des personnes détenues est aujourd'hui une préoccupation majeure et un sujet sensible tant pour l'administration pénitentiaire que pour les personnels de santé. Elle témoigne que cette évolution reste encore largement à parfaire et le contexte de surpopulation carcérale prégnant tant en France qu'au Brésil, ne facilite évidemment pas la tâche. La concentration au sein de la population carcérale de personnes précarisées sur le plan sanitaire, les effets de la détention sur la santé compliquent la recherche d'une adéquation des soins à l'état de santé des personnes détenues (importance des personnes atteintes de troubles psychiatriques, vieillissement de la population, taux de suicide élevé). La condamnation de la France par la Cour européenne des droits de l'homme à propos de la détention d'une personne handicapée est venue le souligner (CEDH 15 févr. 2015). Elle pose un autre défi, relatif à l'élaboration d'un contrôle préventif et juridictionnel du respect du droit à la santé. La pratique des soins concernant les détenus est au surplus à confronter aux contraintes de sécurité qui ne sauraient être ignorées, en détention certes mais également lors des transferts ou d'une hospitalisation.

Cet ouvrage permet de réunir les contributions des intervenants aux 2es journées franco-brésiliennes de droit pénal, placées sous l'égide du Comité international des Pénalistes Francophones, qui se sont tenues à Pau le 24 mai 2016.

Jean-Paul CÉRÉ

Université de Pau et des pays de l'Adour
Président du Comité International des pénalistes francophone
Président de l'Association Française de droit pénal

La protection du droit à la santé par la cour interaméricaine des droits de l'homme

Rodrigo de SOUZA COSTA

Professeur à l'Université Fédérale Fluminense de Niteroi (Brésil)

Consuello Alcon FADUL CERQUEIRA

Chercheur à l'Université Fluminense de Niteroi (Brésil)

Introduction

Les systèmes internationaux de protection des droits de l'homme sont fondés sur le renforcement des droits de l'homme à travers l'exécution de ses garanties. Le système des droits humains interaméricain n'est pas différent.

Les pays des Amériques constituent l'Organisation des États américains (OEA). Fondée en 1948 à Bogotá, en Colombie, celle-ci a pour objectif de renforcer les régimes démocratiques en Amérique, de chercher des solutions aux problèmes sociaux et économiques du continent, afin de consolider un régime de liberté individuelle et de justice sociale, fondée sur le respect des droits humains fondamentaux[1].

La signature de la Charte de l'Organisation des États américains et la Déclaration américaine des droits de l'homme, au moment de la fondation de l'OEA, a été le coup d'envoi pour le développement d'un système interaméricain des droits de l'homme. Il est alors devenu nécessaire de créer des agences spécialisées dans la protection et la promotion des droits de l'homme sur le continent.

Ainsi, par le Protocole de Buenos Aires (1967), qui a modifié la Charte de l'OEA, la Commission Interaméricaine des Droits de l'homme a été créée comme l'organisme en charge de cette fonction.

---

[1] OEA. Charte de l'Organisation des États américains. Première partie. <http://www.oas.org/dil/port/tratados_a41_carta_da_organiza%c3%a7%c3%a3o_dos_estados_americanos.htm#ch1>. Acesso em: 17 mai. 2016.

A compter de ce moment, les États étaient tenus de répondre aux demandes d'information et de se conformer à ses recommandations. On doit souligner que la Commission n'est pas une instance judiciaire, mais son importance est justifiée pour deux raisons principales : elle est un organe qui reçoit les demandes des individus et, dans un premier temps, recherche un règlement amiable du conflit. S'il est impossible de parvenir à une solution amiable, c'est elle qui transmet l'affaire devant la Cour Interaméricaine des Droits de l'homme. Les citoyens ne peuvent accéder directement à la Cour.

La Cour Interaméricaine des Droits de l'homme (CIDH) a été créée en 1978 lorsque la Convention Américaine des Droits de l'homme est entrée en vigueur. Elle a compétence pour juger l'implication et la responsabilité des Etats membres sur des violations des droits de l'homme pour des situations qui se sont produites sur le territoire de l'un des Etats membres. Elle est composée de sept juges élus par l'Assemblée Générale de l'OEA pour un mandat de six ans non renouvelable. Le siège de la Cour se trouve à San José, Costa Rica.

Pour qu'un Etat soit soumis à la juridiction de la Cour, en plus de la ratification de la Convention, celui-ci doit accepter ses fonctions juridictionnelles dans un document séparé déposé au siège de l'OEA. Actuellement, les États soumis à la juridiction obligatoire de la Cour sont les suivants : Argentine, Barbade, Bolivie, Brésil, Chili, Colombie, Costa Rica, Équateur, El Salvador, Guatemala, Haïti, Honduras, Mexique, Nicaragua, Panama, Paraguay, Pérou, République dominicaine, Suriname et Uruguay.

Sans aucun doute, la CIDH est un des principaux organes de protection des droits de l'homme reconnus dans les traités internationaux, en particulier en ce qui concerne la protection des groupes vulnérables, souvent négligés par les politiques publiques mises en œuvre par les gouvernements.

Au sein de ces groupes vulnérables, la situation des détenus présente un intérêt particulier, au regard de l'obligation pour les Etats de leur fournir les éléments essentiels de la vie tels que la nourriture, l'eau potable, l'assainissement, l'éducation et la santé, garantis par l'art. 10, 2, b du Protocole de San Salvador[2].

Dans cette perspective, cet article vise à analyser la contribution de la jurisprudence de la CIDH à la bonne protection de la santé dans les prisons. Pour cela, une étude a été faite des cas qui traitent du thème devant la Cour. Le but de ce travail a été précisément d'identifier la jurisprudence de la Cour sur le droit à la santé et la prison et de l'analyser. A cette fin, plusieurs décisions de condamnation des Etats pour violations du droit à la santé du prisonnier ont été étudiées : Affaire "Niños de la Calle" (Villagrán Morales y otros) vs. Guatemala ; Affaire "Instituto de Reeducación del Menor" vs. Paraguai ; Affaire des enfants et des adolescentes détenus au "Complexo do Tatuapé" da FEBEM vs. Brasil ; Affaire des détenus à la Prison "Dr. Sebastião Martins Silveira", Araraquara vs. Brasil; Affaire Díaz Peña vs. Venezuela ; Affaire du Complexo Penitenciário de Pedrinhas vs. Brasil ; Affaire Mendoza y otros vs. Argentina; Affaire Pacheco Teruel vs. Honduras ; Affaire Penitenciaria Miguel Castro Castro vs. Peru; Affaire des Certaines Prison à la Venezuela vs Venezuela ["Internado Judicial de Monagas" ("La Pica"), Centro Penitenciário Región Capital Yare I e Yare II ("Cárcel de Yare"), Centro Penitenciário da Região Centro Ocidental (Cárcel de Uribana), "Internado Judicial Capital El Rodeo I y El Rodeo II", Centro Penitenciário de Aragua "Cárcel de Tocorón" y "Internado Judicial de Ciudad Bolívar" ("Cárcel de Vista Hermosa")].

C'est ainsi qu'a pu être observé que les aspects du droit à la santé ont été traités par la Cour à différentes reprises, à partir du concept général du "droit à la vie" (art. 4 de la Convention), et plus particulièrement du "droit à l'intégrité de la personne" (art. 5 de la Convention), qui englobe la santé physique, mentale et morale. Pour la Cour la santé passe par un bien-être complet, incluant l'aspect mental, social et physique.

---

[2] Protocole additionnel à la Convention Américaine des Droits de l'Homme sur les Droits Économiques, Sociaux et Culturels : http://www.cidh.org/Basicos/Portugues/e.Protocolo_de_San_Salvador.htm Acesso em22/05/2016

1. Le droit à la santé et les mineurs emprisonnés

Le concept adopté par la CIDH concernant le droit à la santé a été reconnu dans l'affaire Niños de la Calle (Villagrán Morales) vs. Guatemala en 1999[3], sur la mort des enfants des rues vivant dans la pauvreté, privés de moyens de subsistance de base. La Cour a développé une interprétation large du droit à la vie et des droits de l'enfant, consacrés respectivement à l'art. 4 et 19 de la Convention, y compris l'idée de former un « plan de vie » et « l'accès à des conditions qui garantissent une existence digne» devant qui ne sont pas des approches restrictives admissibles ».

Ultérieurement, cette approche a été appliquée aux personnes privées de liberté, ayant le droit à la santé définie par la disposition suivante:

La Cour a indiqué que, conformément à l'article 5.1 et 5.2 de la Convention, toute personne privée de liberté a le droit de vivre dans des conditions de détention compatibles avec sa dignité personnelle. Responsable des centres de détention, l'État est dans une position particulière de garant des droits de toute personne qui est en garde à vue. Cela implique le devoir de l'Etat de protéger la santé et le bien-être des prisonniers, en fournissant, entre autres, les soins médicaux nécessaires, et de veiller à ce que la manière et la méthode d'emprisonnement ne dépassent pas le niveau inévitable de souffrance inhérent à la détention[4].

Le droit à la santé comme un attribut essentiel du droit à la vie a été plus clairement défini dans la jurisprudence de la Cour dans l'affaire Instituto de Reeducación Del Menor VS. Paraguay, en 2004[5], impliquant des mineurs privés de leur liberté. La Cour a estimé que les conditions de détention auxquelles les mineurs ont été exposés

---

[3] Cour Interaméricaine des droits de l'homme, Affaire "Niños de la Calle" (Villagrán Morales y otros) vs. Guatemala. Fondo. Sentença du 19 novembre 1999.

[4] Cour Interaméricaine des droits de l'homme, Affaire Díaz Peña Vs. Venezuela. Resolución del Presidente de la Corte Interamericana de Derechos Humanos http://www.corteidh.or.cr/cf/Jurisprudencia2/ficha_tecnica.cfm?nId_Ficha=204&lang=es

[5] Cour Interaméricaine des droits de l'homme, Affaire "Instituto de Reeducación del Menor" vs. Paraguay. Excepciones Preliminares, Fondo, Reparaciones y Costas Sentença du 2 septembre 2004.

ont affecté leur santé mentale, ce qui affecte défavorablement leur développement psychique et leur intégrité personnelle.

En ce qui concerne la mise en œuvre des programmes d'éducation et de promotion de la santé des enfants - et leur supervision - la Cour a rappelé qu'une interprétation correcte des arts. 4, 5 et 19 de la Convention Américaine devrait être faite à la lumière des dispositions pertinentes de la Convention Relative aux Droits de l'Enfant et du Protocole de San Salvador, dès lors que ces instruments additionnels à la Convention Américaine forment une partie du « corpus juris » international de protection des enfants.

Une autre affaire sur les conditions de santé des mineurs détenus concerne le complexe Tatuapé – FEBEM vs Brésil. La Cour a considéré que le complexe connaissait des problèmes de surpopulation graves et des mauvaises conditions d'hygiène et de santé, comme indiqué :

> i) une moyenne de six jeunes partagent chacune des six chambres à coucher, sans assez de lumière ou d'air frais. Il n'y a pas accès à des toilettes ou des douches propres. Beaucoup de jeunes ont des maladies liées à une mauvaise hygiène ;
>
> ii) la structure de l'unité est similaire aux prisons pour adultes et est en mauvais état, ainsi que les systèmes d'électricité et d'assainissement de l'eau. La nourriture des adolescents qui sont confinés n'est pas conforme aux normes d'hygiènes ;
>
> iii) le Complexe de Tatuapé n'a pas de médecins pour la prise en charge des enfants et des adolescents qui sont détenus ; ils bénéficient seulement d'infirmières.[6]

En outre, les adolescents ont été maintenus dans des dortoirs avec des fenêtres complètement fermées et ont passé la plupart du temps sans aucune activité, dans la zone réservée aux « bains de soleil ». Certains avaient des problèmes de santé graves comme des maladies respiratoires et gastro-intestinales, et presque tout le monde a eu des maladies de peau.

---

[6] Cour Interaméricaine des droits de l'homme, Affaire "Complexo do Tatuapé"- FEBEM vs Brasil. Resolution de la cour interaméricaine des droits de l'homme du 17 novembre 2005.

La cour a enjoint à l'État brésilien de prendre les mesures nécessaires pour faire cesser les violations des droits de l'homme et, en particulier en ce qui concerne le droit à la santé, l'offre de soins médicaux nécessaires aux enfants détenus, de manière à garantir le droit à l'intégrité personnelle.

En outre, la CIDH a ordonné à l'État de procéder à un suivi régulier des conditions de détention et de l'état physique et émotionnel des enfants et des adolescents détenus. Elle affirme donc que, par rapport aux enfants privés de liberté, l'État a l'obligation d'assurer des soins de santé spécifiques (médicaux, psychologique et physique) et d'assurer leur éducation, afin la détention dont ils font l'objet, ne pas détruise pas leurs vies.

2. Les décisions de la CIDH sur les prisons

Les affaires relatives aux prisons étaient très semblables. Les arguments de la Commission pour démontrer les effets négatifs sur la santé ont pris en compte l'influence des mauvaises conditions sanitaires, physiques et médicales dans lesquelles les détenus se trouvaient et le développement de maladies, principalement par une nutrition inadéquate et la surpopulation. De telles conditions entravent l'offre de services et la réalisation d'autres droits et représentent un danger pour la vie et l'intégrité des détenus, mettant leur santé en danger au regard de la propagation des maladies.

Les éléments présentés dans l'affaire "Prisons Dr. Sebastião Martins Silveira vs. Brésil"[7] montrent que plus d'une centaine de détenus étaient atteints de maladies telles que le VIH / SIDA, la tuberculose et la pneumonie. Des détenus étaient aussi maintenus dans la cour de la prison sans médicaments, sans soins médicaux, sans hygiène et avec seulement quelques produits de toilette. Pour la Cour, la préparation d'un plan d'urgence pour les prisonniers atteints de maladies transmissibles devait s'imposer ainsi que des mesures préventives pour endiguer la propagation de ces maladies.

---

[7] Cour Interaméricaine des droits de l'homme, Affaire Penitenciaria "Dr. Sebastião Martins Silveira" em Araraquara, São Paulo vs. Brasil. Décision de la Cour Interamericaine de Droits de l'Homme du 28 juillet 2006

L'affaire Peña Diaz vs. Venezuela[8], en 2012, se réfère à l'absence de soins médicaux adéquats pour résoudre les problèmes de santé présentés par la victime, alors qu'elle était incarcérée. Il a été prouvé que les conditions du centre de détention ont affecté directement la santé de la victime. L'exposition à un environnement sans lumière naturelle ni ventilation adéquate, une mauvaise alimentation a provoqué des réactions allergiques récurrentes et des problèmes gastro-intestinaux tels que des vomissements et des diarrhées fréquentes.

Au fil du temps, faute de recevoir un traitement médical approprié les maladies ont évolué. L'allergie a provoqué le développement d'un certain nombre d'infections sur les deux oreilles et a formé un abcès péri-anal.

La Cour a estimé que les mesures prises par l'État étaient insuffisantes et qu'elles ont entraîné des conséquences graves pour la santé du détenu. Le fait de devoir se soumettre à une intervention chirurgicale et la grande souffrance imposée durant sa maladie ont constitué une infraction grave au droit à la santé et à la dignité humaine.

Un autre aspect pertinent développé dans cette affaire concerne l'obligation pour l'État de respecter des conditions minimales pour le respect de la dignité de l'homme et ne pas imposer de souffrances plus grandes que celle inhérente à la détention. La Cour a jugé que l'Etat devait assurer une surveillance et un contrôle des prestations des services de santé, sans pouvoir invoquer des difficultés économiques pour justifier toutes violations.

Ce faisant, il est intéressant de noter que la Cour a élargi la notion afférente au droit à la vie et à l'intégrité physique, afin d'évaluer les conditions de détention. Cela inclut principalement les questions liées au logement, à la nourriture, la santé, l'accès au travail et à l'éducation. Par conséquent, la jurisprudence de la Cour a permis que le droit à la vie - et, en particulier, le droit à une vie digne ou à un projet de vie- soit utilisé comme axe central pour la projection de nombreux autres droits.

---

[8] Cour Interaméricaine des droits de l'homme, Affaire Díaz Peña Vs. Venezuela. Resolución del Presidente de la Corte Interamericana de Derechos Humanos du 2 novembre 2011

3. Maladies psychiatriques, prison et droit à la santé

La Cour n'a pas eu à se prononcer pour l'instant sur le traitement des maladies psychiatriques par le Droit Pénal, ni sur la détention des patients psychiatriques dans les pays membres.

Toutefois, une demande d'une mesure d'urgence a été présentée à la Cour concernant problèmes divers rencontrés dans la prison de Pedrinhas au Brésil[9]. Parmi eux, le suicide de deux détenus souffrant de problèmes mentaux, détenus dans cette prison. L'absence de soins médicaux et de traitement aurait été la principale raison de la mort. La décision de la Cour a simplement déterminé que l'Etat doit garantir « l'accès aux services de santé pour les personnes qui ont besoin de soins d'urgence, ainsi que les personnes qui ont des maladies mentales »[10] et n'a pas développé une discussion plus approfondie sur le droit à la santé de ces personnes spécifiques.

Par ailleurs, l'affaire Ximenes Lopes vs. Brésil[11], bien qu'elle ne s'applique pas spécifiquement à l'environnement carcéral, s'avère porteuse de précisions intéressantes concernant les patients atteints de troubles psychiatriques. L'affaire concerne le traitement dispensé à M. Damião Ximenes, qui a causé sa mort dans un établissement psychiatrique brésilien affilié au Système Fédéral de Santé Unifié (SUS). Ce cas est devenu symbolique de la cruauté mise en œuvre ; les autorités brésiliennes n'ont pas enquêté de surcroît avec la diligence requise.

Il a été prouvé que les conditions de confinement étaient inhumaines, sans soins médicaux efficaces ni même, souvent, sans médicaments nécessaires. Les patients vivaient dans un environnement extrêmement violent, et recevaient des coups. Des rapports indiquaient que M. Damião Ximenes n'aurait pas été le premier à mourir dans de telles conditions.

---

[9] Cour Interaméricaine des droits de l'homme, Affaire Complexo Penitenciário de Pedrinhas. <http://www.corteidh.or.cr/docs/medidas/pedrinhas_se_01_por.pdf>.

[10] Cour Interaméricaine des droits de l'homme, Affaire Complexo Penitenciário de Pedrinhas. <http://www.corteidh.or.cr/docs/medidas/pedrinhas_se_01_por.pdf>.

[11] Cour Interaméricaine des droits de l'homme, Affaire Ximenes Lopes Vs. Brasil. Supervisión de Cumplimiento de Sentencia. Resolución de la Corte Interamericana de Derechos Humanos de 17 de mayo 2010

La Cour a souligné la nécessité de porter attention sur les soins nécessaires à ces personnes, qui sont dans un cadre de vulnérabilité particulière. Elle a affirmé que l'Etat à l'obligation de veiller à que ces institutions fonctionnent avec une surveillance constante afin de déterminer si le confinement et le traitement médical sont justifiés. Le traitement doit être décent, humain et professionnel et les patients doivent être protégés contre les abus.

Plus précisément, pour ce qui concerne le droit à la santé et le droit à l'intégrité, la Cour a déterminé que tous les soins de santé pour les personnes souffrant de maladies mentales doivent respecter le bien-être des patients et leur dignité. Elle a souligné l'importance de développer un programme d'éducation et de formation pour le personnel médical, les psychiatres, les psychologues, les infirmiers, ainsi que, plus généralement, toutes les personnes concernées par les soins de santé mentale. En conséquence, doivent être adoptés les principes du respect à la vie privée et de l'autonomie du patient dans le cadre des traitements psychiatriques.

La CIDH a également exprimé l'avis que les États ont le devoir de veiller à la prise en charge médicale efficace des patients atteints de troubles psychiatriques. Il se traduit par une obligation de garantir l'accès aux services de santé de base. En outre, les États ont le devoir de promouvoir la santé mentale et le traitement offert doit être le moins invasif possible, en évitant les atteintes physiques sur le patient.

Conclusion

Au terme de l'analyse de la jurisprudence, il est important de saisir la volonté de la Cour d'encourager les changements dans la réalité des prisons au regard de l'offre de santé.

Dans ce scénario favorable à l'avancement du Droit International des Droits de l'Homme, il convient d'identifier le glissement de l'examen d'un constat de l'omission de l'Etat vers une attitude proactive en vue de la promotion du respect de ces droits. A la suite des condamnations, les États ont mis en œuvre des projets dans le but d'améliorer les conditions de détention et de fournir des soins de santé adéquats (transferts de prisonniers visant à réduire la surpopulation et, dans certains cas, même des réformes structurelles).

Malheureusement, certains problèmes structurels entravent encore les travaux de la Cour Interaméricaine des Droits de l'Homme. Contrairement à la Cour européenne, la CIDH n'est pas une cour permanente. En outre, tous les pays ne se conforment pas aux décisions émises par celle-ci et la CIDH ne dispose pas d'instruments contraignants pour faire respecter ses arrêts.

Néanmoins, l'importance de l'action de la CIDH dans la délimitation et la protection du droit à la santé est bien réelle, en particulier dans le cas des prisonniers. En effet, la « santé » comprend non seulement le droit à des soins médicaux appropriés, mais également la suppression des circonstances qui causent des risques à la vie. Ceci inclut le respect pour la vie, l'intégrité physique, morale et psychologique. Cela comprend la fourniture des installations sanitaires de base, offrant des activités de loisirs, une ventilation adéquate dans les installations, l'accès à l'eau potable ainsi que des consultations régulières avec les médecins et le traitement approprié en cas de maladie.

A partir de sa jurisprudence sur le droit à la santé en prison, la Cour a reconnu une série d'autres droits aux détenus, la plupart d'entre eux sont liés à la dignité humaine, très présente dans nombre de constitutions d'Amérique latine. Cette constatation démontre que, en fait, le rôle de la Cour est très important pour la promotion des droits du détenu. Il est essentiel pour inciter les Etats à opérer des changements en termes de respect du droit à la santé des personnes détenues.

Le droit à la santé et la prison dans la jurisprudence de la Cour Européenne des Droits de l'Homme

Josep CASADEVALL

Ancien juge et vice-président de la Cour européenne des droits de l'homme

1. Introduction

La Convention Européenne des Droits de l'Homme, en tant que telle, ne garantit pas le droit à recevoir des soins de santé ni le droit à être en bonne santé. La santé, le logement, les aides sociales ou autres droits économiques, sont traditionnellement assurés par d'autres instruments européens tels que la Charte Sociale Européenne ([1]) et le Code Européen de la Sécurité Sociale[2] ou encore, dans un niveau plus global, par référence a la Charte des droits économiques et sociaux des Nations Unies[3].

Mais cette approche traditionnelle doit être analysée à la lumière de la jurisprudence créée sous la Convention. Il devient de plus en plus difficile d'établir des limites précises entre les droits et libertés fondamentales qui découlent de la Convection et les droits sociaux et économiques que je viens de citer. La Cour Européenne des Droits de l'Homme (la Cour) a été inévitablement saisie par des requêtes ayant une dimension socio-économique, incluse la santé, où des questions se posent sous l'angle d'autres droits fondamentaux civils et politiques protégés par la Convention. Par conséquent, des questions relatives à la santé ont été soumises à la Cour dans une large panoplie de circonstances que je vais essayer de parcourir au cours de cette intervention.

---

[1] L'article 11 de la Charte garantie le droit à la protection de la santé.

[2] Les articles 7-12 du Code prévoient le droit à l'attention médicale.

[3] L'article 12 de la Charte reconnaît le droit de toute personne à sa santé physique et mentale.

Au surplus, il est important de rappeler que la Cour est particulièrement attentive aux instruments relatifs aux politiques de santé promus dans le cadre du Conseil de l'Europe.

Les arrêts de Strasbourg font souvent référence aux recommandations du Comité des Ministres en matière de santé[4], à la Convention d'Oviedo sur les droits de l'homme et la biomédecine[5] et encore à la jurisprudence émanant de la Charte Sociale Européenne[6].

2. Portée générale de la question

Les obligations assumées par les Etats découlant de la Convention, ont un double caractère : négatif et positif. Sous l'angle des obligations négatives, les Etats sont tenus de ne pas interférer sur la santé des individus, à moins qu'il n'existe une cause de justification conventionnelle. En même temps les Etats sont obligés de prendre les mesures nécessaires pour assurer la santé des individus sous l'angle des obligations positives. La portée de telles obligations positives, dans les matières découlant de la santé, est déterminée par les circonstances individuelles de chaque espèce.

Les requêtes présentées devant la Cour, pour des questions portant sur la santé des individus, sont fondées habituellement sur des griefs tirés des articles 2, 3, 8 et 14 de la Convention.

Sous l'article 2, les agents de l'Etat sont obligés de s'abstenir d'agir par des actes ou omissions de nature à menacer la vie ou à placer des personnes dans des situations de risque grave pour leur santé[7]. Sans justification conventionnelle, ils ne doivent faire usage de force létale ni, même s'il n'y a pas mort d'homme, d'une force pouvant entraîner des lésions sérieuses. Les Etats ont l'obligation positive, découlant de l'article 2, de protéger la santé des individus dans des situations particulières.

Sous l'article 3, les agents de l'Etat sont obligés de s'abstenir d'infliger des traitements qui peuvent endommager la santé physique

---

[4] Arrêt *Biriuk c. Lituanie*, du 25 novembre 2008.

[5] Arrêts *Glas c. Royaume Uni*, du 9 mars 2004 et *Vo c. France*, du 8 juillet 2004.

[6] Décision *Molka c. Pologne*, du 11 avril 2006.

[7] Arrêt *Ilhan c. Turquie*, du 27 juin 2000.

d'une personne (coups, frappes ou autres formes de violence)[8] ou sa santé mentale ou psychologique (angoisse, peur, dégradation)[9], ainsi l'Etat est requis de prendre des mesures positives afin de protéger la santé physique et mentale des individus tels que les prisonniers, pour lesquels il assume une responsabilité particulière.

Sous l'article 8, le respect de la vie privée de chacun a acquis une spéciale relevance dans la jurisprudence de la Cour en ce qui concerne d'une manière spécifique le « droit à la santé ». La notion de vie privée a été interprétée par la Cour dans un sens large couvrant le droit à l'intégrité physique, morale et psychologique, ainsi que le droit de choisir ou d'exercer l'autonomie personnelle (refuser un traitement médical, ou demander un traitement médical spécifique, par exemple)[10]. La Cour a dit que les Etats sont tenus par les obligations positives imposées par l'article 8, de garantir le respect effectif de l'intégrité physique et psychologique des personnes[11].

Et encore, sous l'article 14, l'interdiction de toute forme de discrimination et en l'espèce du fait des conditions physiques ou mentales des personnes, a été aussi examinée par la Cour[12], laquelle a reconnu que la santé est un des éléments soumis à l'interdiction de discrimination.

3. Le droit à la santé dans les prisons sous l'angle de l'article 3 (seul ou combiné)

La Cour a jugé à de nombreuses reprises que la détention d'une personne malade peut poser problème sur le terrain de l'article 3 de la Convention et que le manque de soins médicaux appropriés peut constituer un traitement inhumain ou dégradant[13].

« L'article 3 de la Convention, qui interdit les traitements inhumains et dégradants, impose à l'Etat de s'assurer que tout prisonnier

---

[8] Arrêt Kaçiu and Kotorry v. Albania, du 25 juin 2013.

[9] Arrêt *Gäfgen c. Allemagne*, du 1 juin 2010.

[10] Arrêts *Glass c. Royaume Uni*, du 9 mars 2004 et *Tysiqc c. Pologne*, du 20 mars 2007.

[11] Arrêts *Sentges c. Pays Bas*, du 8 juillet 2003 et *Pentiacova et autres c. Moldavie*, du 4 janvier 2005.

[12] Arrêts *Kiyutin c. Russie,* du 15 mars 2011 et *I.B. c. Grèce*, du 3 octobre 2013.

[13] Entre autres, arrêt *Mouisel c. France*, du 14 novembre 2002.

est détenu dans des conditions qui sont compatibles avec le respect de la dignité humaine, que les modalités d'exécution de la mesure ne soumettent pas l'intéressé à une détresse ou à une épreuve d'une intensité qui excède le niveau inévitable de souffrance inhérent à la détention et que, eu égard aux exigences pratiques de l'emprisonnement, la santé et le bien-être du prisonnier sont assurés de manière adéquate, notamment par l'administration des soins médicaux requis... » Je viens de citer le paragraphe 94 de l'arrêt *Kudla v. Pologne*, du 26 octobre 2000, prononcé par la Grande Chambre.

Je vous propose de faire un petit parcours sur la jurisprudence en la matière, en essayant de voir les différentes situations et les différents griefs formulés par des requérants privés de liberté, en détention provisoire ou purgeant une peine de prison. J'ai choisi, dans la mesure du possible, des affaires concernant la France.

a) Détenus souffrant de pathologies physiques

En 1999, alors que le requérant *Mouisel* purgeait une peine de 15 ans de réclusion, on diagnostiqua chez lui une leucémie lymphoïde. Il suivit des séances de chimiothérapie en hospitalisation de jour. Il était enchaîné pendant son transport à l'hôpital et affirma que, pendant les séances, ses pieds étaient enchaînés et l'un de ses poignets attaché à son lit. Il décida de mettre fin au traitement en 2000, se plaignant de ces conditions et de l'agressivité manifestée par les gardiens à son égard. En 2001, il fut libéré avec obligation de se soumettre à des mesures de traitement. Invoquant l'article 3 le requérant dénonçait son maintien en détention et les conditions de celle-ci en dépit de sa grave maladie.

La Cour a conclu à la violation de l'article 3, pour ce qui est de la période prenant fin avec la libération conditionnelle du requérant, jugeant en particulier que, alors même que son état de santé devenait de plus en plus inconciliable avec la détention au fur et à mesure que sa pathologie se développait, les autorités carcérales n'avaient pris aucune mesure spéciale. En outre, elle a considéré que le menottage du requérant lors des transferts à l'hôpital avait été disproportionné par rapport au risque pour la sécurité[14].

---

[14] Arrêt *Mouisel c. France*, déjà cité.

Le requérant *Serifis*, paralysé de la main gauche depuis un accident de la circulation et souffrant également de sclérose en plaques, soutenait qu'en raison de son état de santé son maintien en détention constituait un traitement inhumain.

La Cour a trouvé une violation. Notant qu'il ressortait du dossier qu'en dépit de la gravité de la maladie dont le requérant était atteint, les autorités grecques avaient tardé à lui fournir une assistance médicale conforme à ce qu'exigeait son état de santé, l'arrêt a estimé que la manière dont elles s'étaient occupées du requérant durant les deux premières années de sa détention l'avait soumis à une détresse ou à une épreuve d'une intensité qui excède le niveau inévitable de souffrance inhérent à la détention[15].

Le requérant *Khudobin*, séropositif et atteint de plusieurs pathologies chroniques, notamment d'épilepsie, d'hépatite virale et de divers troubles mentaux, contracta plusieurs maladies graves (rougeole, bronchite et pneumonie aiguë, entre autres) au cours de sa détention. En raison de ses maladies, le requérant fut souvent placé dans le service des patients contagieux de l'hôpital de la prison. Il alléguait, entres autres, qu'il n'avait pas reçu un traitement médical adéquat durant sa détention provisoire.

La Cour a dit que le requérant n'avait pas bénéficié de l'assistance médicale dont il avait besoin. En particulier, le fait qu'il était séropositif ne pouvait qu'accroître les risques associés aux diverses maladies qu'il avait contractées durant son séjour en détention, ainsi que ses craintes à cet égard. Dans cette affaire, si elle a admis que les soins médicaux offerts dans les hôpitaux pénitentiaires pouvaient parfois ne pas être de la même qualité que dans les meilleurs établissements ouverts au public, la Cour a néanmoins souligné que l'État devait veiller à ce que la santé et le bien-être des détenus soient adéquatement protégés en leur proposant les soins médicaux voulus[16].

L'affaire *Martzaklis et autres* concernait les conditions de détention de personnes séropositives dans la section psychiatrique de l'hôpital de la prison de Korydallos en Grèce. Les intéressés se plai-

---

[15] Arrêt *Serifis c. Grèce*, du 2 novembre 2006.

[16] Arrêt *Khudobin c. Russie*, du 26 octobre 2010. Voir aussi, parmi d'autres : *A.B. c. Russie* et *Logvinenko c. Ukraine*, arrêts du 14 octobre 2010 ; *Kozhokar c. Russie*, du 16 décembre 2010 et *Shchebetov c. Russia*, du 10 avril 2012.

gnaient en particulier de leur « ghettoïsation » dans une salle spécifique de cet hôpital. Ils se plaignaient en outre de ne pas avoir eu à leur disposition un recours interne effectif au moyen duquel ils auraient pu formuler leurs griefs en ce qui concerne les conditions de détention et leur traitement médical dispensé à l'hôpital de la prison.

La Cour a conclu à la violation de l'article 3, pris isolément et combiné avec l'article 14 (interdiction de la discrimination) de la Convention. Elle a apprécié avérées les mauvaises conditions matérielles et sanitaires de détention à l'hôpital de la prison ainsi que les irrégularités dans l'administration des traitements médicaux adéquats. Elle a aussi considéré que les requérants avaient été exposés à une souffrance physique et mentale allant au-delà de la souffrance inhérente à la détention et que la ségrégation dont ils avaient fait l'objet avait manqué de justification objective et raisonnable. Relevant par ailleurs que les requérants n'avaient pas disposé d'un recours efficace par lequel ils auraient pu se plaindre, la Cour a jugé que les voies de recours internes ne répondaient pas aux exigences de l'article 13[17].

b) Insuffisance de nourriture en détention

Placé en détention provisoire, le requérant *Moisejevs* soutenait avoir été victime d'un traitement inhumain et dégradant du fait des privations de nourriture dont il avait fait l'objet les jours où le convoi de la prison le transportait à la Cour régionale afin qu'il puisse participer à l'examen de son affaire pénale.

Du fait de l'insuffisance de nourriture fournie au requérant durant sa détention et estimant que les souffrances éprouvées par ce dernier de ce fait avaient constitué un traitement dégradant, la Cour a trouvé une violation de l'article 3. Le Gouvernement letton n'avait pas démenti l'allégation selon laquelle, les jours d'audience, il ne recevait pas de déjeuner normal, et selon laquelle il était contraint de se contenter d'une tranche de pain, d'un oignon et d'une boulette de viande. Aux yeux de la Cour, un tel repas est clairement insuffisant pour subvenir aux besoins fonctionnels de l'organisme. Elle a relevé en particulier que, suite à la plainte du requérant, lui-même et les autres accusés commencèrent à recevoir plus de nourriture ; les autorités avaient donc pris conscience de la quantité insuffisante des

[17] Arrêt *Martzaklis c. Grèce*, du 9 juillet 2015.

repas distribués. En plus, le Gouvernement letton n'avait pas réfuté l'assertion du requérant selon laquelle plusieurs fois, le soir, après son retour en prison, il ne recevait qu'une miche de pain[18].

c) Tabagisme passif en détention

La Cour a eu à connaitre, et connaît de plus en plus, des plaintes au sujet du tabagisme passif dans les centres de détention.

En 2002, le requérant *Florea*, qui souffrait d'hépatite chronique et d'hypertension artérielle, fut incarcéré. Pendant environ neuf mois, il partagea une cellule avec entre 110 et 120 codétenus, pour seulement 35 lits. Selon lui, 90 % de ces personnes fumaient. Le requérant se plaignait notamment de la surpopulation carcérale et des mauvaises conditions d'hygiène, y compris d'avoir été confiné avec des détenus fumeurs en cellule et à l'hôpital pénitentiaire.

Le requérant *Elefteriadis*, souffrant d'une maladie chronique pulmonaire, purge actuellement une peine de prison à perpétuité. Entre février et novembre 2005, il fut placé dans une cellule avec deux détenus fumeurs. Dans les salles d'attente des tribunaux, où il fut cité à comparaître à plusieurs reprises entre 2005 et 2007, il fut également gardé avec des détenus fumeurs. Il alléguait en outre avoir subi du tabagisme passif lors des transferts entre la maison d'arrêt et les tribunaux.

La Cour a trouvé une violation de l'article 3 dans les deux affaires. Elle a constaté, quant au premier requérant, que celui-ci a dû supporter le tabagisme de ses codétenus même à l'infirmerie de la prison et à l'hôpital pénitentiaire, malgré une loi en vigueur qui interdit de fumer dans les hôpitaux et, quant au second requérant, que les certificats établis par plusieurs médecins attestaient une détérioration de son état de santé au niveau des voies respiratoires et l'apparition d'une bronchite chronique[19].

---

[18] Arrêt *Moisejevs c. Lettonie*, du 15 juin 2006.

[19] Arrêts *Florea c. Roumanie*, du 14 septembre 2010 et *Elefteriadis c. Roumanie*, du 25 janvier 2011.

d) Détenus âgés malades

Le requérant *Papon*, qui purgeait une peine de réclusion criminelle pour complicité de crimes contre l'humanité, était âgé de 90 ans à la date de l'introduction de sa requête. Il soutenait que le maintien en prison d'un homme de son âge était contraire à l'article 3 et que les conditions de sa détention dans l'établissement où il séjournait n'étaient pas compatibles avec son extrême vieillesse et son état de santé.

La requête a été déclarée **irrecevable** (manifestement mal fondée). La décision n'a pas exclu la possibilité que, dans certaines conditions, le maintien en détention pour une période prolongée d'une personne d'un âge avancé puisse poser problème sous l'angle de l'article 3. Mais, en l'espèce, compte tenu de l'état de santé général et des conditions de détention du requérant, la Cour a estimé que son traitement n'avait pas atteint le niveau suffisant de gravité pour rentrer dans le champ d'application de l'article 3. Bien que souffrant de problèmes cardiaques, l'état général du requérant avait été qualifié de « bon » par un médecin expert [20].

En septembre 1999, le requérant *Farbtuhs*, reconnu coupable de crimes contre l'humanité en raison de sa responsabilité dans la déportation et la mort de plusieurs dizaines de citoyens lettons dans le cadre des répressions staliniennes de 1940 et 1941, se plaignait que, vu son âge, son infirmité et l'incapacité des établissements pénitentiaires lettons de subvenir à ses besoins spécifiques, son maintien prolongé en détention avait constitué un traitement inhumain et dégradant. En 2002, les juridictions internes le dispensèrent finalement de purger le restant de sa peine et il fut libéré.

Âgé de 84 ans au moment de son incarcération, le requérant était paraplégique et invalide à tel point qu'il ne pouvait pas accomplir la plupart des actes élémentaires de la vie quotidienne sans l'assistance d'autrui. Lorsque les autorités nationales décident de placer et de maintenir une telle personne en prison, elles doivent veiller avec une rigueur particulière à ce que les conditions de sa détention répondent aux besoins spécifiques découlant de son infirmité. En tardant à le libérer malgré l'existence d'une requête formelle du directeur de la

---

[20] Arrêt *Papon c. France*, du 7 juin 2001.

prison et d'un rapport d'expertise à l'appui, les autorités lettones n'avaient pas assuré au requérant un traitement compatible avec les dispositions de la Convention[21].

Le requérant *Contrada*, 83 ans, estimait en particulier que, compte tenu de son âge et de son état de santé, les refus répétés opposés par les autorités à ses demandes d'ajournement de l'exécution de sa peine ou de passage au régime de la détention à domicile avaient constitué un traitement inhumain et dégradant.

L'arrêt a relevé notamment qu'il ne faisait pas de doute que le requérant était affecté par plusieurs pathologies graves et complexes et que, de manière constante et univoque, tous les rapports et certificats médicaux déposés devant les instances compétentes avaient conclu à l'incompatibilité de l'état de santé de ce dernier avec le régime de détention auquel il était soumis. Par ailleurs, le régime de la détention à domicile n'avait été accordé qu'en 2008. Au vu des certificats médicaux dont les autorités avaient disposé, du temps écoulé avant l'obtention de la détention à domicile et des motifs des décisions de rejet des demandes introduites par le requérant, la Cour a dès lors estimé que son maintien en détention avait été incompatible avec l'interdiction des traitements inhumains ou dégradants[22].

e) Détenus handicapés

Victime de la thalidomide, la requérante *Price* est handicapée des quatre membres et souffre également de problèmes rénaux. Dans le cadre d'une procédure civile, elle fut condamnée à une peine d'emprisonnement pour outrage à magistrat. Elle passa une nuit dans une cellule d'un commissariat, où elle dut dormir dans son fauteuil roulant, le lit n'étant pas adapté aux personnes handicapées et où elle se plaignait du froid. Elle passa ensuite deux jours dans une prison pour femmes, où des surveillants de sexe masculin devaient l'aider à utiliser les toilettes.

La Cour a jugé, en particulier que la détention d'une personne gravement handicapée, dans des conditions où elle souffrait sérieusement du froid, risquait d'avoir des douleurs à cause de la dureté et de l'inaccessibilité de son lit, et ne pouvait que très difficilement aller

---

[21] Arrêt *Farbtuhs c. Lettonie*, du 2 décembre 2004.

[22] Arrêt *Contrada (2) c. Italie*, du 11 février 2014.

aux toilettes ou se laver, constituait un traitement humiliant et dégradant[23].

Purgeant une peine de dix ans de réclusion criminelle à laquelle il avait été condamné en 2005, le requérant *Vincent* est paraplégique depuis un accident survenu en 1989. Bien qu'autonome, il ne peut se déplacer qu'en fauteuil roulant. Il se plaignait notamment des conditions, inadaptées à son handicap, de son incarcération dans différentes maisons d'arrêt françaises.

En raison de l'impossibilité pour le requérant paraplégique de circuler par ses propres moyens dans la prison de Fresnes, particulièrement inadaptée à la détention de personnes handicapées physiques qui ne peuvent se déplacer qu'en fauteuil roulant, une violation de l'article 3 de la Convention a été constatée[24].

Sourd-muet, mentalement retardé, incapable d'utiliser le langage des signes et ne sachant ni lire ni écrire, le requérant *Z.H.* soutenait que sa détention pendant près de trois mois avait constitué un traitement inhumain et dégradant.

La Cour lui a donné raison. Malgré les efforts louables mais tardifs déployés par les autorités pour tenir compte de la situation du requérant, l'incarcération de celui-ci sans que les mesures requises ne fussent prises dans un délai raisonnable avait abouti à une situation s'analysant en un traitement inhumain et dégradant. La Cour a également conclu dans cette affaire à la violation de l'article 5 § 2 (droit à la liberté et à la sûreté) de la Convention. Compte tenu des multiples handicaps dont souffrait le requérant, elle n'était pas convaincue que l'on puisse considérer qu'il avait obtenu les informations requises pour lui permettre de contester sa détention. Elle a jugé en outre regrettable que les autorités n'aient pas réellement pris des « mesures raisonnables » pour tenir compte de l'état du requérant, en particulier en lui fournissant l'assistance d'un avocat[25].

Handicapé, amputé des deux avant-bras, le requérant *Zarzycki* se plaignait du caractère dégradant de sa détention pendant plus de trois ans au motif qu'il n'aurait pas bénéficié d'une assistance médi-

[23] Arrêt *Price c. Royaume Uni*, du 10 juillet 2001.

[24] Arrêt *Vincent c. France*, du 24 octobre 2006.

[25] Arrêt *Z.H. c. Hongrie*, du 8 novembre 2011.

cale adaptée à ses besoins spéciaux ni obtenu le remboursement de prothèses biomécaniques des bras plus perfectionnées. En conséquence, il aurait dû solliciter l'aide d'autres codétenus pour accomplir des actes de la vie quotidienne, notamment pour son hygiène et pour s'habiller.

Dans ce cas, la conclusion est de **non-violation** de l'article 3. La Cour a noté l'attitude proactive de l'administration pénitentiaire à l'égard du requérant (celui-ci pouvait notamment disposer gratuitement de prothèses mécaniques basiques, et avait également droit au remboursement d'une petite partie du coût des prothèses biomécaniques). Les autorités lui avaient donc fourni l'assistance courante et adéquate qu'exigeaient ses besoins spécifiques. Même si un détenu amputé des deux avant-bras est bien plus vulnérable face aux difficultés de la détention, le traitement dont le requérant avait fait l'objet en l'espèce n'avait pas atteint le seuil de gravité requis pour constituer un traitement dégradant contraire à la Convention[26].

Paraplégique des membres inférieurs et souffrant d'incontinence urinaire et anale, le requérant *Helhal* se plaignait, compte tenu de son lourd handicap, de ce que son maintien en détention constituait un traitement inhumain et dégradant.

La Cour a estimé que, si le maintien en détention n'était pas en soi constitutif d'un traitement inhumain ou dégradant compte tenu du handicap du requérant, l'insuffisance des soins de rééducation qui lui avaient été dispensés et l'inadaptation des locaux à son handicap étaient en revanche contraires à l'article 3. Elle a également observé en l'espèce que l'assistance d'un codétenu, dont bénéficiait le requérant pour faire sa toilette en l'absence de douches aménagées, ne suffisait pas à satisfaire l'obligation de santé et de sécurité qui incombe à l'État[27].

f) Détenus souffrant de troubles mentaux

Le requérant *Rivière* se plaignait de son maintien en détention, alors qu'il nécessitait un traitement psychiatrique hors établissement pénitentiaire. Un état psychotique se traduisant par des pulsions

---

[26] Arrêt *Zarzycki c. Pologne*, du 6 mars 2013.

[27] Arrêt *Helhal c. France*, du 19 février 2015.

suicidaires avait été diagnostiqué chez lui et les médecins experts trouvaient inquiétants certains de ses comportements.

La Cour a jugé que le maintien du requérant en détention, sans encadrement médical approprié, avait constitué un traitement inhumain et dégradant. Elle a notamment observé qu'un prisonnier souf-souffrant de graves problèmes mentaux et présentant des risques suicidaires appelait des mesures particulièrement adaptées, quelle que soit la gravité des faits pour lesquels il avait été condamné[28].

L'affaire *Renolde* concernait le placement pendant 45 jours et le suicide en cellule disciplinaire du frère de la requérante. L'intéressé souffrait de troubles psychotiques aigus susceptibles de le conduire à des actes d'auto-agression.

Malgré une précédente tentative de suicide et le diagnostic porté sur l'état mental du détenu, l'opportunité de son hospitalisation dans un établissement psychiatrique ne semblait jamais avoir été discutée. Dans les circonstances de l'espèce, la Cour a estimé que les autorités avaient manqué à leur obligation positive de protéger le droit à la vie du détenu, en violation de **l'article 2.** Elle a également conclu à la violation de l'article 3, en raison de la lourdeur de la sanction disciplinaire infligée à l'intéressé, susceptible d'ébranler sa résistance physique et morale. Son état avait inspiré suffisamment d'inquiétude à son avocate, huit jours avant son décès, pour qu'elle demande immédiatement au juge d'instruction une expertise en vue d'évaluer la compatibilité de son état avec la détention en cellule disciplinaire[29].

Le requérant *Musial*, souffrant d'épilepsie depuis sa petite enfance et diagnostiqué plus tard comme atteint de schizophrénie et d'autres troubles mentaux graves, alléguait en particulier que le traitement et les soins médicaux qui lui avaient été dispensés au cours de sa détention avaient été inadéquats.

La Cour a considéré que les conditions dans lesquelles le requérant avait été détenu ne convenaient pas à des détenus ordinaires, et encore moins à une personne ayant des antécédents de troubles psychologiques. En particulier, le refus des autorités d'interner

---

[28] Arrêt *Rivière c. France*, du 11 juillet 2006.

[29] Arrêt *Renolde c. France*, du 16 octobre 2008.

l'intéressé dans un service psychiatrique adapté ou dans une maison d'arrêt dotée d'une aile psychiatrique l'avait inutilement exposé à un risque pour sa santé. La durée et la gravité du traitement auquel l'intéressé avait été soumis devaient dès lors être qualifiées d'inhumaines et dégradantes en violation de l'article 3. Dans cet arrêt, compte tenu de la gravité et du caractère structurel du problème du surpeuplement carcéral et de la mauvaise qualité des conditions de vie et d'hygiène dans les maisons d'arrêt polonaises, la Cour a appliqué l'article 46 de la Convention[30].

Souffrant de plusieurs pathologies qui nécessitaient une surveillance et une prise en charge thérapeutique, dont notamment l'anorexie et le syndrome de Munchausen (une pathologie psychiatrique), la requérante *Taddei* se plaignait de son maintien en détention et de l'insuffisance de soins adaptés à ses problèmes de santé.

La Cour a jugé que l'absence de prise en compte par les autorités nationales de la nécessité d'un suivi spécialisé dans une structure adaptée, conjuguée avec les transferts de la requérante et l'incertitude prolongée qui en avait résulté quant à sa demande de suspension de peine, avaient pu provoquer chez elle une détresse qui avait excédé le niveau inévitable de souffrance inhérent à la détention. Donc, violation de l'article 3[31].

L'affaire *Claes* concernait l'internement d'un délinquant sexuel, souffrant de troubles mentaux et déclaré pénalement irresponsable, dans l'annexe psychiatrique d'une prison ordinaire, sans encadrement médical approprié, et cela pendant plus de quinze ans.

Estimant que les autorités nationales n'avaient pas assuré une prise en charge adéquate du requérant, la Cour a conclu à une violation. Elle a observé que le maintien du requérant en annexe psychiatrique sans espoir réaliste d'un changement, sans encadrement médical approprié et pendant une période significative, avait constitué une épreuve particulièrement pénible l'ayant soumis à une détresse qui excède le niveau inévitable de souffrance inhérent à la détention.

---

[30] Arrêt *Slawomir Musial c. Pologne*, du 20 janvier 2009.

[31] Arrêt *Raffray Taddei c. France*, du 21 décembre 2010.

Quelles que soient les entraves que le requérant avait pu lui-même provoquer par son comportement, celles-ci ne dispensaient pas l'État de ses obligations vis-à-vis de ce dernier en raison de la situation d'infériorité et d'impuissance qui caractérise les patients internés dans des hôpitaux psychiatriques.

La Cour a en outre souligné dans cet arrêt que la situation dont était victime le requérant résultait, en réalité, d'un problème structurel: d'une part, l'encadrement des internés dans les annexes psychiatriques des prisons belges n'est pas suffisant et, d'autre part, le placement à l'extérieur des prisons s'avère souvent impossible, soit en raison du manque de place, soit du fait que le dispositif législatif ne permet pas aux instances de défense sociale d'imposer le placement dans une structure extérieure[32].

g) Détenus toxicomanes et grèves de la faim en détention

Pour clore, car il est temps de m'arrêter, une brève référence à l'arrêt *McGlinchey* qui concernait le caractère non adéquat des soins médicaux dispensés à une héroïnomane souffrant des symptômes de manque[33] et à quelques arrêts et décisions relatifs à des grèves de la faim, affaires : *Nevmerjitsky*, violation pour cause d'alimentation forcée du requérant[34], *Pandjikidze*[35], *Ozgül*[36] et *Rappaz*[37], requêtes déclarées irrecevables ; *Horoz*, décès d'un détenu suite à une grève de la faim prolongée, pas de violation de l'article 2 dans ce cas[38] et *Karabet et autres*, concernant des violations de l'article 3 suite à des grèves de la faim massives et le recours à la force par les autorités carcérales[39].

---

[32] Arrêt *Claes c. Belgique*, du 10 janvier 2013. Voir aussi *Lankester c. Belgique*, du 9 janvier 2014.

[33] Arrêt McGlinchey et autres v. Royaume Uni, du 29 avril 2003.

[34] Arrêt *Nevmerjitsky c. Ukraine*, du 5 avril 2005.

[35] Décision *Pandjikidse c. Géorgie*, du 20 juin 2006.

[36] Décision *Ozgül c. Turquie*, du 6 mars 2007.

[37] Décision *Rappaz c. Suisse*, du 26 mars 2013.

[38] Arrêt *Horoz c. Turquie*, du 31 mars 2009.

[39] Arrêt *Karabet et autres c. Ukraine*, du 17 janvier 2013.

La prise en charge des détenus malades entre prison et UHSI : problématiques médicales - Exemple de l'UHSI de Bordeaux

Dr Estelle SUDRE

Praticien Hospitalier

Dr Régis BEDRY

Responsable médical de l'UHSI de Bordeaux

Pr GROMB

Chef de Pôle du Pôle médico-judiciaire, CHU de BORDEAUX

La prise en charge sanitaire des détenus présente des problématiques spécifiques liées aux besoins de santé et aux contraintes de la détention. Cet exposé mettra en exergue quelques-unes des difficultés rencontrées par les professionnels de santé lors des hospitalisations, mais n'est en rien exhaustif. Il semble opportun de rappeler le contexte d'exercice du milieu pénitentiaire et les objectifs sanitaires afin de mieux appréhender ces problématiques.

Il sera donc divisé en 3 grandes parties comprenant quelques généralités sur la population carcérale (lieux d'incarcérations, démographie carcérale), les bases de la prise en charge sanitaire, puis seront abordées les hospitalisations avec l'exemple de l'Unité Hospitalière Sécurisée Interrégionale de Bordeaux.

1. Quelques généralités sur la population carcérale

Pour rappel, on distingue deux grandes catégories d'établissements pénitentiaires : les maisons d'arrêt (ou MA), et les établissements pour peine.

Les MA sont des lieux où sont placés les prévenus dans l'attente de leur jugement (ou détention provisoire), et les condamnés ayant un reliquat de peine inférieur à 2 ans ou en attente de transfert vers un établissement pour peine.

Les principaux établissements pour peine sont les maisons centrales (ou MC), les centres de détention (ou CD), les centres pénitentiaires (ou CP), et les centres de semi-liberté (ou CSL) et les centres pour peine aménagée (ou CPA). Une MC est un établissement pénitentiaire qui reçoit les condamnés les plus difficiles et les longues peines, d'où un régime de détention essentiellement axé sur la sécurité. Un CD est un établissement pénitentiaire qui reçoit les condamnés considérés comme présentant les meilleures perspectives de réinsertion sociale[1]. Un CP est un établissement pénitentiaire mixte comprenant au moins deux quartiers à régimes de détention différents.

Les conditions dans lesquelles un condamné peut être placé en MA ou quartier de MA (qMA), ou en centre de détention (CD) sont définies dans le bulletin officiel du ministère de la justice[2].

Ainsi, au 1er janvier 2016[3], on comptait 187 établissements en France soit 86 MA et 42 quartiers MA (situés dans des CP), 94 établissements pour peines, soit 50 CP, 27 CD et 36 quartiers CD, 6 MC et 6 quartiers MC, 11 CSL et 12 quartiers CPA. Un centre national d'évaluation (CNE) sur 3 sites: Fresnes, Sud francilien et Lille-Annœullin (qui a pour mission d'évaluer la personne détenue, préalablement à la décision d'affectation en établissement pour peines), 6 établissements pénitentiaires pour mineurs (EPM), 1 établissement public de santé national de Fresnes (EPSNF) (hôpital public placé à l'intérieur de la prison de Fresnes).

---

[1] Article D-72 du CPP Code de Procédure Pénale

[2] BO du Ministère de la Justice et des Libertés. Circulaire du 21 février 2012 relative à l'orientation en établissement pénitentiaire des personnes détenues. [Internet] in http://www.textes.justice.gouv.fr/art_pix/JUSK1240006C.pdf

[3] Direction de l'administration pénitentiaire ww.justice.gouv.fr/prison-et-reinsertion-10036/les-chiffres-clefs-10041/

La densité carcérale moyenne sur l'ensemble des établissements pénitentiaires français oscille entre 110 et 120 % [4]. La surpopulation carcérale touche essentiellement les MA. Il n'y a pas comme en établissement pour peine de numérus clausus : « un prisonnier - une cellule », soit une densité moyenne des MA de 139 % et des établissements pour peine à 88,4 %. Dans l'inter région de Bordeaux, la densité moyenne est de 97,9 %, celle des MA de 120,4 %, celle des établissements pour peine de 82,8 %.

La durée moyenne de détention s'élevait en 2014 à 10,4 mois.

Au 1er mai 2016, 79848 personnes étaient écrouées, dont 68685 comprenant 3,6 % de femmes et 1,1% de mineurs, pour un total de 58683 places opérationnelles en établissements pénitentiaires, et de 1580 matelas au sol. La moyenne d'âge est stable à moins de 35 ans. Depuis le 1er janvier 2011, la population écrouée totale a progressé de 15,4 % avec une tendance à la stabilisation depuis 2 ans.

Si on répartit la population carcérale en tranches d'âge [5 6 7], les 21 à 40 ans représentent 63,1 %, les 40 à 50 ans 16,3 %, les 50 -60 ans 8,1 %, et les plus de 60 ans 3,9 %.

On note une tendance au vieillissement avec une progression de plus de 20% des personnes de plus de 50 ans (cf. tableau 1). L'amorce de ce phénomène se situe aux environs de 1985 et se poursuit jusqu'aux environs des années 2000. Depuis 10 ans, en proportion, elle est assez stable aux environs des 12 %. Pour comparaison, la population âgée de plus de 50 ans représente 38 % de la population générale.

---

4 Direction de l'administration pénitentiaire-Me5. Statistiques mensuelles des personnes écrouées et détenues en France - Situation au 1er septembre 2015 [Internet *in* http://www.justice.gouv.fr/art_pix/mensuelle_septembre_2015.pdf et Direction de l'administration pénitentiaire http://www.justice.gouv.fr/art_pix/mensuelle_mai_2016.pdf

5 Statistique trimestrielle de la population prise en charge en milieu fermé (DAp:PMJ5) pyramides des âges 2002-2012

6 Direction de l'Administration Pénitentiaire 2015

7 Direction de l'administration pénitentiaire. Séries statistiques des personnes placées sous main de justice 1980 - 2014 [Internet]. V. http://www.justice.gouv.fr/art_pix/ppsmj_2014.PDF

Tableau 1 : Effectifs de la population écrouée depuis 5 ans

	2011	2012	2013	2014	2015
Personnes écrouées	66 975	73 780	76 798	77 883	77 291
Personnes écrouées âgées de plus de 50 ans	7 726	8 284	8 618	9 144	9 291
Proportion	11,5 %	11,2 %	11,2 %	11,7 %	12,0 %

Comme dans la population générale, ce vieillissement génère l'émergence de nouveaux besoins de santé dans le domaine des maladies chroniques (cardio-vasculaires, diabète, cancer, etc.), mais aussi dans le domaine du handicap.

Les caractéristiques socio-économiques des personnes à l'entrée en détention ont été principalement étudiées dans le cadre de deux études portant sur l'état de santé à l'entrée en détention, l'une réalisée par la DRESS en 1997 et réactualisée en 2003, portant sur l'ensemble des établissements pénitentiaires en France[8], et l'autre sur le même modèle en 2013 en Picardie[9]. On peut retenir que neuf hommes sur dix (89,8 %) présentent un bon état de santé général. Un peu plus d'un quart (27,8 %) est en surcharge pondérale (6,8% sont obèses); un tiers des entrants déclarent avoir au moins une pathologie somatique chronique connue et prend au moins un traitement;

[8] Drees - Ministère des Affaires sociales et de la Santé. La santé des personnes entrées en prison en 2003. Mars 2005, n° 386. V. http://www.drees.sante.gouv.fr/la-sante-des-personnes-entrees-en-prison-en-2003,4513.html

[9] Agence régionale de santé de Picardie. Etude transversale sur les caractéristiques sanitaires et sociales des nouveaux détenus en Picardie en 2013 [Internet]. 2015 May. V. https://epidemiologie-france.aviesan.fr/fr/epidemiologie-france/fiches/etude-transversale-sur-les-caracteristiques-sanitaires-et-sociales-des-nouveaux-detenus-en-picardie/fre-fr

un traitement psychiatrique est pris pour un entrant sur cinq (19,8 %); et que pour un peu plus de la moitié (55,1 %) des nouveaux entrants des soins bucco-dentaires sont à programmer (avec une certaine urgence pour 1,1 %).

Ces pourcentages sont globalement similaires pour la population féminine. Par ailleurs, les problématiques liées aux addictions s'ajoutent aux troubles psychiatriques. On peut constater, depuis 2003, une relative stabilité de la consommation de tabac, et une tendance à la baisse de la consommation excessive d'alcool et de l'utilisation de drogues illicites accompagnant une tendance à une augmentation de la prise en charge des pathologies addictives par traitement substitutif oral dans le milieu ouvert.

La population carcérale est donc une population précaire. La précarité se définit comme l'absence d'une ou plusieurs des sécurités permettant aux personnes et familles d'assumer leurs obligations professionnelles familiales et sociales, et de jouir de leurs droits fondamentaux. Les critères de précarité définis suite à la publication de l'article 2 de l'arrêté de 1992 (ministère des Affaires sociales et de l'Intégration 1992) sont socio-administratifs : chômeurs, bénéficiaires de contrats aidés, du RMI ou de la CMU, jeunes en insertion professionnelle, personnes sans domicile fixe. Le score de précarité EPICES[10] a été construit par la suite en 2002. Il constitue un outil de mesure pertinent de la situation de précarité, en lien avec les indicateurs socio-économiques et avec les données de santé.

L'accès à un logement stable et une couverture sociale sont deux critères importants intervenant dans ce score. En 2003, une personne sur cinq issue de la population carcérale se déclare sans domicile fixe, en 2013, 15 % n'ont pas de logement. En 2003, 13,6 % des détenus déclarent ne pas avoir de protection sociale (0,5% dans la population générale). En 2013, 11 % sont dans cette situation et une personne

---

[10] Emilie LABBE, Jean Jacques MOULIN, René GUEGUEN et al. Un indicateur de mesure de la précarité et de la « santé sociale» : lescore EPICES. Revue de l'IRES [Internet]. 2007 Janv. (53). V. http://www.ires-fr.org/images/files/Revues/R53-1.pdf

sur trois bénéficie de la CMU à l'entrée en prison (contre 8% dans la population générale)[11 12].

Concernant le niveau d'instruction, le repérage systématique des personnes illettrées, initié depuis 1995, donne des informations plus précises, et contradictoires avec celles déclarées à l'entrée, sur le niveau de formation de la population pénale au moment de l'entrée en détention13. En 2014, 1,5 % des entrants n'a jamais été scolarisé, 4,8 % ne parlent pas le français et 5,2 % le parlent de manière rudimentaire, 48,5 % sont sans diplôme, 76 % ne dépassent pas le niveau CAP, et enfin 22,6 % des personnes rencontrées échouent au bilan de lecture. Le taux d'illettrisme de la population détenue est d'environ 11 %, il est supérieur à la moyenne nationale (7 %).

2. La prise en charge sanitaire de la population carcérale

La prise en charge sanitaire des personnes détenues a évolué suite à la loi 94-43 du 18 janvier 1994 relative à la santé publique et à la protection sociale[14], décision prise suite au rapport CHODORGE de 1992, qui faisait un constat désastreux de l'état sanitaire en détention en raison de l'épidémie de SIDA dans les prisons. La responsabilité de la prise en charge sanitaire a alors été transférée du ministère de la Justice au Ministère chargé de la Santé et aux Agences régionales de santé. Ce rapport a donc permis de soulever différentes problématiques de la santé, comme l'accès au soin des personnes privées de liberté, et de définir ainsi les actions à promouvoir.

La santé des personnes détenues est donc transférée aux institutions sanitaires, qui sont alors chargées de mettre en oeuvre une véritable politique de santé des détenus, et à l'origine de la mise en

[11] La santé des personnes détenues en France et à l'étranger : une revue de la littérature // Health of immates in France and abroad : a review, Élodie Godin-Blandeau (godin.elodie@neuf.fr), Charlotte Verdot, Aude-Emmanuelle Devela [Internet]. [cited 2015 Apr 1]. V. http://www.invs.sante.fr/beh/2013/35-36/pdf/2013_35-36_1.pdf

[12] La santé des personnes entrées en prison en 2003 - Drees - Ministère des Affaires sociales et de la Santé [Internet]. [cited 2015 Apr 1]. V. http://www.drees.sante.gouv.fr/la-sante-des-personnes-entrees-en-prison-en-2003,4513.html

[13] Bryon I. L'enseignement en milieu pénitentiaire - Rapport sur l'année 2014-2015 [Internet]. justice.gouv.fr. 2016. V. http://www.justice.gouv.fr/art_pix/Bilan_enseignement_2014.pdf

[14] Loi 94-43 du 18 janvier 1994 relative à la santé publique et à la protection sociale

place dans chaque établissement pénitentiaire d'Unités de Consultation et de Soins Ambulatoires, renommées récemment Unité Sanitaire de Niveau 1 (USN 1). Ces unités sont rattachées à un établissement de santé de référence par le biais d'une convention, passée entre l'établissement pénitentiaire et l'établissement de santé, pour la dispensation des soins et la coordination des actions de prévention en milieu pénitentiaire.

L'organisation des soins repose sur deux dispositifs, l'un pour les soins somatiques (DSS), le second pour les soins psychiatriques (DSP), dispositifs chacun structuré en trois niveaux[15] :

- le niveau 1 : soins relevant de consultations, prestations et activités ambulatoires; au sein des détentions dans les USN1.
- le niveau 2 : soins requérant une prise en charge à temps partiel; dans les hôpitaux de rattachement de l'unité sanitaire
- le niveau 3 : soins requérant une hospitalisation à temps complet.

Les équipes des USN 1 présentes dans les établissements de détention assurent donc les consultations liées au suivi médical des personnes détenues.

Au 1er janvier 2015[16], on dénombre au total 175 USN1, auxquelles s'ajoutent 8 unités hospitalières sécurisées interrégionales (UHSI) implantées dans les CHU pour les hospitalisations programmées de plus de 48 heures : Nancy (2004), Lille (2004), Lyon (2005), Bordeaux, Toulouse et Marseille (2006), Paris Pitié-Salpêtrière (2008), Rennes (2012); 1 établissement public de santé national à Fresnes; 26 services médico-psychologiques régionaux (SMPR), implantés dans

---

[15] Ministère des Affaires sociales, de la Santé et des Droits des femmes. Guide méthodologique sur la prise en charge sanitaire des personnes placées sous main de justice [Internet]. Mars 2013. V. http://www.sante.gouv.fr/prise-en-charge-sanitaire-des-personnes-placees-sous-main-de-justice.html

[16] Ministère de la justice. Les chiffres clés de l'administration pénitentiaire au 1er janvier 2015 [Internet]. Direction de l'administration pénitentiaire. V. http://www.justice.gouv.fr/art_pix/chiffres_cles_2015_FINALE_SFP.pdf

26 établissements pénitentiaires, et enfin 7 unités hospitalières spécialement aménagées (UHSA) implantées en milieu hospitalier qui accueillent les hospitalisations psychiatriques (avec ou sans consentement) : Lyon, Nancy, Toulouse, Orléans, Paris, Lille, Rennes (9 sont en prévision pour 2016).

La politique de santé alors mise en place est fondée sur les principes suivants:

- Les personnes incarcérées doivent bénéficier de la même qualité et continuité de soins que la population générale,
- Les plans et les programmes de santé publique doivent être mis en œuvre en milieu carcéral[17],
- La prévention, et les soins initiés ou poursuivis pendant la période de l'incarcération doivent contribuer au maintien et à l'amélioration de l'état de santé.

Ces principes ont été depuis réaffirmés par l'article 46 de la loi pénitentiaire de 2009[18] [19]. L'affiliation des personnes détenues au régime général de sécurité sociale fait aussi partie de ce dispositif.

L'INPES a également défini les principes essentiels pour répondre aux besoins en promotion de la santé en milieu pénitentiaire et proposé ainsi un référentiel d'intervention[20] (et les places des différents acteurs que sont par exemple l'administration pénitentiaire,

---

[17] Ministère des Affaires sociales et de la Santé. Plan d'actions stratégiques relatif à la politique de santé des personnes placées sous main de justice [Internet]. 2015. V. http://social-sante.gouv.fr/systeme-de-sante-et-medico-social/parcours-des-patients-et-des-usagers/personnes-detenues/article/plan-d-actions-strategiques-relatif-a-la-politique-de-sante-des-personnes

[18] DGS. Enquête PREVACAR Volet offre de soins VIH, hépatites et traitements de substitution en milieu carcéral [Internet]. Oct. 2011 [c. V. http://www.sante.gouv.fr/IMG/pdf/Enquete_PREVACAR_-_Volet_offre_de_soins_-_VIH_hepatites_et_traitements_de_substitution_en_milieu_carceral_octobre_2011.pdf

[19] Haut conseil de la santé publique. La santé en prison [Internet]. 2003. V. http://www.hcsp.fr/docspdf/adsp/adsp-44/ad441754.pdf

[20] CHEMLAL Khadoudja, ECHARD-BEZAULT (Pascale), DEUTSCH (Paule). Promotion de la santé en milieu pénitentiaire : Référentiel d'intervention. [Internet]. INPES. [cited 2015 Apr 1]. (Santé en action). V. http://www.inpes.sante.fr/30000/actus2014/022-referentiel-sante-milieu-penitentiaire.asp

l'éducation nationale et l'organisation des soins..), à partir de l'évaluation des besoins et des programmes de santé:

- l'accès au médecin
- l'équivalence des soins par rapport à la population générale
- le consentement des soins et la confidentialité
- La prévention sanitaire et l'éducation à la santé
- l'intervention humanitaire envers les groupes vulnérables
- l'indépendance professionnelle
- et la compétence professionnelle.

Ces différents types de besoins ont été objectivés soit par la prévalence de certaines pathologies, selon les caractéristiques socioéconomiques de la population détenue, ou par l'impact de l'incarcération.

Les pathologies prévalentes sont les pathologies infectieuses[21] [22] comme le HIV avec une prévalence de 2,02 % contre 0,35 % dans la population générale , l'hépatite C 4,8 % contre 0,8 %, et la tuberculose, la consommation de substances et les addictions avec ¼ des entrants qui consomment au moins 2 substances psychoactives (alcool, tabac...), l'augmentation constante de la proportion de personnes détenues sous traitement de substitution oral, et tabagisme en détention (7 fois plus que la population générale). Mais aussi la mortalité par suicide et La santé mentale en général, le handicap qui est 3 fois plus fréquent avec la nécessité d'une aide dans 7,6% des cas contre 6,7% dans la population générale, la Couverture vaccinale qui reste mal connue, et l'état bucco-dentaire avec 43,8%

---

[21] DGS. Enquête PREVACAR Volet offre de soins VIH, hépatites et traitements de substitution en milieu carcéral [Internet]. 2011 Oct [c. V. http://www.sante.gouv.fr/IMG/pdf/Enquete_PREVACAR_-_Volet_offre_de_soins_-_VIH_hepatites_et_traitements_de_substitution_en_milieu_carceral_octobre_2011.pdf

[22] Enquête " un jour donné " sur les personnes détenues atteintes par le VIH et le VHC en milieu pénitentiaire : analyse [Internet]. V. http://www.sante.gouv.fr/analyse.html

des patients nécessitant des soins et 13% avec délabrement ayant un impact sur la vie sociale[23].

Les caractéristiques socio-démographiques montrent une surreprésentation des catégories les plus démunies avec niveau éducatif le moins élevé, avec faible recours au système sanitaire avant l'incarcération, des détenus étrangers avec des besoins spécifiques liées difficultés épidémiologiques dans leur pays (tuberculose pulmonaire multirésistante...) auxquels s'ajoute l'évolution démographique à la hausse de la population carcérale associé à un vieillissement (+150 % de 60 ans en 10 an). Ces besoins de santé sont donc croissants.

Pour les besoins en lien avec l'impact de l'incarcération, il n'existe pas d'étude spécifique en France. Mais il est reconnu qu'une forte violence s'exerce contre soi et contre les autres avec des conséquences sur la santé physique et mentale. On note une aggravation ou la réactivation de pathologies déjà présentes avant l'incarcération, comme celles liées aux facteurs de risques de transmission et d'exposition (les maladies transmissibles), les troubles mentaux, les consommations de substances...avec des facteurs favorisants que sont la promiscuité, l'isolement psychoaffectif, les conditions d'hébergement, l'inactivité... On prend aussi en compte le choc carcéral et l'enfermement qui engendrent mutilations, tentative de suicide... En effet, les personnes détenues se suicident 6 fois plus que les hommes libres âgés de 15 à 59 ans.

L'identification des besoins spécifiques des personnes détenues a permis d'élaborer une politique de santé spécifique avec des axes stratégiques d'actions [24].

Mais quels sont la place et le rôle du médecin dans cette politique de santé ?

Il est l'équivalent d'un médecin traitant, mais dont le patient n'aurait pas le choix. Le médecin en détention revendique son indé-

---

[23] Par ex. Bretagne

[24] Ministère des Affaires sociales et de la Santé. Plan d'actions stratégiques relatif à la politique de santé des personnes placées sous main de justice [Internet]. 2015. V. http://social-sante.gouv.fr/systeme-de-sante-et-medico-social/parcours-des-patients-et-des-usagers/personnes-detenues/article/plan-d-actions-strategiques-relatif-a-la-politique-de-sante-des-personnes

pendance professionnelle, il n'a pas à connaître le motif de l'incarcération... Il n'est pas subordonné à l'administration Pénitentiaire ni à l'autorité judiciaire. Le même médecin ne soigne pas les détenus et le personnel de surveillance. Le secret médical est identique en prison et à l'extérieur, ce qui a été réaffirmé dans la loi pénitentiaire de 2009. Un médecin ne peut favoriser ou cautionner une atteinte à l'intégrité physique et/ou mentale d'une personne détenue. Certaines consultations sont obligatoires comme à l'entrée en détention, au quartier disciplinaire et d'isolement, le suivi des grévistes de la faim et/ou de la soif et sont définies par le Code de Procédure Pénale.

3. Hospitalisation des patients détenus : exemple de l'UHSI de Bordeaux

On définit 2 niveaux dans les hospitalisations[25]. Les chambres sécurisées en hôpital de proximité[26] qui concernent les hospitalisations urgentes ou en urgence, ou de courte durée de moins de 48h au nombre de 250 dans 133 établissements de santé. Les 8 iUHUnitUHSIHospitalières Sécurisées Interrégionales (UHSI) en CHU pour des UHSI UHSI UHSI vont recevoir des patients en hospitalisations programmées de plus de 48 h[27],[28]. Cela correspond en tout à 170 lits de soins dits « aigus » et 52 lits de soins de suite et de réadaptation (situés à Fresnes et à Marseille).

L'UHSI de Bordeaux a donc ouvert sur le site de Pellegrin du CHU de BORDEAUX en mai 2006 après celle de Nancy, de Lille et de Lyon. L'unité est intégrée au Pôle Médico-Judiciaire du CHU de Bordeaux (Pr Sophie Gromb-Monneyeur), mais elle ne comporte pas de cour de promenade, ni de zone fumeur. Elle comprend 16 lits destinés aux personnes incarcérées des 2 sexes, de plus de 13 ans, provenant de

---

[25] Article R. 6112-26 du code de la santé publique (CSP) et de l'article D. 391 du code de procédure pénale (CPP).

[26] Circulaire relative à l'aménagement ou à la création de chambres sécurisées, DAP 2006 13-03-2006

[27] JORF n°201 du 31 août 2000 page 13471- Arrêté du 24 août 2000 relatif à la création des unités hospitalières sécurisées interrégionales destinées à l'accueil des personnes incarcérées -
https://www.legifrance.gouv.fr/affichTexte.do?cidTexte=JORFTEXT000000583783

[28] Note interministérielle du 3 mars 2004 relative à la création et au fonctionnement de l'UHSI de Nancy.

l'un des 20 établissements de l'interrégion, ou d'une autre UHSI. Le CP de Gradignan en est l'établissement de référence.

L'interrégion de bordeaux comprend 18 hôpitaux de proximité ou de rattachement comprenant chacun 1 à 4 chambres carcérales par hôpital, soit un total de 34 lits d'hospitalisation.

Une convention a été signée entre les intervenants soit la Préfecture de région, ARS, CHU et DISP, le 28/04/ 2006 puis modifiée en 2011. Elle définit les conditions de fonctionnement quotidien et la collaboration des partenaires. Le CHU a la responsabilité de la gestion, de l'organisation, de la dispensation des soins, et de la régulation des hospitalisations de détenus au CHU. L'Administration Pénitentiaire assure les transferts inter-établissements, les extractions sur les plateaux techniques ainsi que la sécurité au sein de l'unité, et enfin la Police: assure les gardes statiques dans les services hospitaliers et le renfort d'escorte pour les détenus nécessitant une surveillance particulière.

Le service a une compétence médico-chirurgicale voire en post-partum, pour des hospitalisations de plus de 48h, mais de courts séjours.

L'âge des patients est en moyenne de 46 ans (de 17 à 88 ans) avec une Durée Moyenne de Séjour (DMS) de 9 jours, soit dans les faits de quelques heures à 2 ans et demi.

Cependant, on constate, depuis l'ouverture, une augmentation des pathologies graves ou complexes, et une augmentation de la charge en soins, avec 25 à 35 % de séjours pour des pathologies cancéreuses. Les 2/3 de ces patients sont considérés en phase palliative (pas de guérison envisageable) d'emblée, dès le début de la prise en charge. Ces séjours concernent le bilan diagnostic, la phase de traitement, comme la phase terminale et la fin de vie. Les Diagnostics Associés Significatifs (ou comorbidités, définissant la gravité), et ce tout séjour confondu, sont supérieurs à 10 contre 5 pour un service de médecine classique, et supérieurs à 15 en service de gériatrie.

Une demande d'hospitalisation peut être faite depuis une unité sanitaire ou un autre service hospitalier. Elle est adressée par fax au secrétariat et comprend un dossier de demande type comprenant un résumé du dossier médical. Ou bien par appel téléphonique quand il s'agit d'un service hospitalier au secrétariat en journée et en semaine, ou directement au médecin d'astreinte le soir et week-end (astreinte 24/24).Toute demande d'hospitalisation est alors soumise à une régulation médicale. Le médecin régulateur validera l'indication, remplira les demandes ou les bons d'examens, qui seront transmis au secrétariat pour organisation et programmation. Une fois le séjour finalisé, un dernier OK médical est nécessaire avant envoi de la confirmation à l'administration pénitentiaire pour l'organisation des escortes. Un accord médical est toujours nécessaire pour valider toute admission ou sortie des patients de l'unité.

Cependant, des patients peuvent ne pas être admis à l'UHSI. Il s'agit de patients dont l'hospitalisation pourra être réalisée en moins de 48 h en hôpital de proximité sauf pour le CP de Gradignan dont l'UHSI est considérée comme l'hôpital de proximité. Mais aussi, les personnes gardées à vue, les « bracelets électroniques », et les « semi-libertés ». Ces derniers peuvent être admis s'ils en font la demande (transmis au SPIP et au Juge d'application des peines). Les hospitalisations à motif exclusivement psychiatrique, les patients nécessitant des soins hautement spécialisés comme la réanimation, les « grands brûlés », la neurochirurgie, la chirurgie cardiaque, la gynécologie - obstétrique...

a) Les problèmes en hospitalisation

Les problèmes récurrents en interne sont la complexité de la programmation d'une hospitalisation avec la rédaction d'un Plan Personnalisé : RDV, date de bloc, qui sont pris en fonction des obligations des services et des disponibilités des escortes pour limiter la durée des hospitalisations: *« les extractions programmées ou tout autre mouvement (entrée, sortie) de patients se déroulent les jours ouvrables selon les plages horaires suivantes : du lundi au vendredi de 7 h30 à 17 h 30 - le samedi matin de 7 h 30 à 13 h »*. Ces Horaires de possibilités d'escortes sur les plateaux techniques sont insuffisants. Un arrêt à 17h30 signifie que l'escorte est rentrée et désarmée, soit pas de déplacement possible après 16h45 en pratique, sauf urgence.

S'ajoute à cela un délai de 8 jours entre la demande émanant d'une USN et la date de venue, est requis par l'administration pénitentiaire. Il s'agit d'un délai nécessaire à l'organisation de l'escorte (sans possibilité de we et jour férié), mais ne laisse pas de réactivité pour convoquer d'autres patients en cas de refus de dernière minute. Cependant si la demande est faite depuis l'établissement où est hospitalisé le patient, le délai peut être raccourci à moins de 48 h pour l'organisation de l'escorte, voire plus s'il s'agit d'une urgence ou d'un défaut de plateau technique dans l'hôpital de proximité en fonction des disponibilités des escortes.

Les refus des patients peuvent survenir à plusieurs moments, avant l'admission, dès leur arrivée à l'UHSI, comme au décours de l'hospitalisation pour un problème d'interdiction de fumer ou l'absence de lieu dédié, d'absence de lieu de promenade ou de rencontre des autres patients... Un livret d'accueil de l'UHSI informant des conditions d'hospitalisation a été édité, et est distribué par l'USN1 avant la date de l'hospitalisation, mais cela n'a pas fait diminuer le taux de refus.

Les conditions d'hospitalisation avec les éléments déjà évoqués sont une limitation réelle avec un isolement majeur des patients et un risque de « surenfermement ».

Enfin, un dernier point essentiel est la limitation des ouvertures de porte des chambres. En effet, les patients sont porte fermée (avec un oculus) sauf exception, nécessité et certificat médical, et il n'est pas possible d'ouvrir plus de 2 portes à la fois, ou une porte de chambre double, par agent pénitentiaire ce qui limite les soins et le temps de présence en chambre, et nécessite donc une organisation et une hiérarchisation des soins en amont qui ne sont pas toujours réalisables.

Sur le plan de l'interrrégion comme à l'échelle des US, les problèmes sont différents, mais tout aussi prégnants. La complexité de l'organisation et des escortes rendent les délais d'hospitalisation longs d'environ 2 mois. Un transfert en hospitalisation peut nécessiter l'annulation des RDV déjà pris, rallongeant encore les délais des prises en charge en interne. Les admissions en urgence sont difficiles, les patients sont donc transférés en hôpital de proximité sous surveillance de gardes statiques policières le temps du transfert vers l'UHSI. On assiste alors à une augmentation des pressions exercées pour transférer le patient sur les médecins hospitaliers comme sur le médecin d'astreinte de l'UHSI par les gardes statiques en hôpital de proximité malgré le fait que cela ne dépendent pas des soignants.

Le risque de refus des patients étant élevé, il est donc nécessaire de préparer les hospitalisations en amont (USN1) (substituts nicotiniques, multiples consultations pour avoir l'adhésion du patient...).

Les problèmes récurrents qui viennent d'être présentés sont purement organisationnels et limitent l'accès aux soins. Se surajoutent les problèmes d'effectifs autant soignants que pénitentiaires, pour des problèmes budgétaires, avec annulation et décalages des escortes, avec alors un impact majeur avec un report de sortie et des séjours rallongés de 2 à 4 j.

Des situations particulières peuvent poser d'autres types de problèmes comme l'augmentation de la durée des séjours non justifiée pour des raisons médicales. Exemple des patients détenus hospitalisés sous contrainte en service psychiatrique (par arrêté préfectoral) ou SPDRE (« ex Hospitalisation d'Office ») qui nécessitent des soins somatiques en UHSI : il est souvent difficile de les faire repartir après les soins, exemple d'un cas en mars 2015 avec plus de 15 jours d'hospitalisation non médicalement justifiés pour avoir le renouvellement de l'arrêté. De même, les patients prévenus nécessitant des soins spécialisés et longs, et donc nécessitant un transfert vers une Unité hors UHSI afin d'optimiser la prise en charge et avec parfois un refus ou l'impossibilité du juge d'instruction de mettre en œuvre une solution alternative à l'incarcération, comme un patient paraplégique avec nécessité de 3 mois de rééducation spécialisée, ou une rééducation de patient brûlé...

Cependant, ces prises en charge ont aussi des points positifs.

b) Les points positifs de cette organisation

Un des points essentiels est la communication entre les intervenants et les efforts pour optimiser le fonctionnement quotidien. Pour cela, il est indispensable de former et d'informer les professionnels soignants comme pénitentiaires (mise en place de formations internes adaptées, de Diplômes d'Université, Journée annuelle UCSA-UHSI...).

Le travail est facilité quand il est décidé un seul interlocuteur pour les mouvements (entrée/sortie et « plateaux techniques ») , mais aussi avec des rencontres régulières pour ajuster, régler les problèmes: quotidiennement pour les mouvements avec une synthèse hebdomadaire (AP, infirmière, secrétaire, médecin), mensuelle entre responsables dite « réunion managériale »

La gestion interne des effectifs pénitentiaires avec un ajustement aux besoins en fonction des plateaux (RDV) permet de la souplesse.

Ces différents points ont été confirmés et renforcés lors d'une évaluation de ce dispositif d'hospitalisation en soins somatiques courant 2010 par l'IGAS et la Chancellerie [29] avec un rapport conclusif paru en juin 2011. Cette évaluation a été basée sur des entretiens avec les différentes équipes, et avec les patients présents au moment de leur venue dans les unités.

Ce rapport confirme qu'il n'est pas possible de faire de comparaison directe possible avec le secteur hospitalier général, du fait des contraintes spécifiques. Cependant, les objectifs attendus avaient été définis en 2001 à l'ouverture des UHSI sur une projection de la population pénale, et fixés selon le rapport IGAS de 1995, avec une DMS (durée moyenne de séjour) de 8 jours et d'un Taux d'occupation de 70 %.

Ce rapport a donc mis en évidence un paradoxe. La morbidité est plus importante en milieu carcéral que dans la population générale, mais le taux d'hospitalisation général est inférieur de 8 à 10 % par rapport à la population générale, ce qui est expliqué par les durées de peine courtes, et les patients-détenus qui préfèrent attendre d'être libérés pour être hospitalisés. Mais ce taux d'hospitalisation est différent en fonction du lieu de détention : bas en MA, mais élevé en CD et MC et donc supérieur à la population générale. Le facteur âge et le vieillissement de la population carcérale en sont une des explications. Un autre point important est le mauvais vécu de l'hospitalisation en UHSI des patients, en lien avec les conditions et non en raison des soins. Des points forts et des points faibles ont ainsi été définis.

Les points faibles restent les taux d'occupation faibles et les durées moyennes de séjours. Le constat a été le même que ce qui a été déjà évoqué plus haut soit un nombre important de refus de soins est

---

[29] MARSALA Vincent, PAUTRAT Catherine. Evaluation du dispositif d'hospitalisation en soins somatiques des personnes détenues [Internet]. V. http://www.ladocumentationfrancaise.fr/rapports-publics/114000640/index.shtml

lié aux conditions comme l'absence de promenade et l'impossibilité de fumer, l'absence de liens sociaux avec les autres détenus, et l'absence d'activité (hormis la télévision et quelques livres). Les patients estiment alors être encore plus enfermés qu'en prison. Les parloirs sont possibles, mais plus rares souvent du fait de l'éloignement des familles.

Des durées moyennes de séjour élevées mais qui tendent à diminuer avec la nécessité de Temps (48h) à l'organisation des escortes de retour, avec un nombre limité d'escortes simultanées pour les plateaux techniques. Mais aussi la nécessité d'un état de santé « encore plus consolidé », que pour la population générale pour envisager un retour en détention, « au domicile ».

Les besoins de soins de suite et de réadaptation ne sont pas couverts de façon optimale.

Mais des points forts ont aussi été relevés. Une activité globale en progression avec une augmentation de 125 % entre 2007 et 2010. Les pathologies prises en charge sont bien conformes à la mission de polyvalence (médico-chirurgicale) définie par le contexte juridique. L'apport de ces unités reconnu dans la prise en charge sanitaire par tous les acteurs de terrain, et enfin l'existence d'une bonne synergie entre l'administration pénitentiaire et les soignants.

Le vécu des patients lors de l'hospitalisation nous a amenés à réaliser une étude au sein de l'unité sur la sensation de « surenfermement » des patients en 2011. Cette étude a été basée sur des questionnaires donnés aux patients et des entretiens, et a permis de faire le constat suivant. Les plaintes exprimées par les patients et rattachées au surenfermement (n = 100) sont l'absence de promenade à 45 %, l'impossibilité de sortie de la chambre pour 32 %, l'absence de contact pour 22 %, le manque de tabac 21 % et l'absence d'activité 15 %. Les conséquences ont pu être évaluées et sont pour 24 % l'instauration puis la majoration de traitement de substitution nicotinique et pour 27 % d'entre eux la majoration du traitement anxiolytique.

Le temps d'hospitalisation terminée, il faut préparer la sortie.

c) La sortie d'hospitalisation

Pour un retour en détention, il est nécessaire que l'état de santé du patient soit « plus consolidé » vu qu'il vit dans des conditions précaires et d'hygiène limitées.

Il est nécessaire d'anticiper l'accès aux soins et aux traitements spécifiques, les traitements sont donc faxés 48h avant la sortie aux US avec la rédaction d'un Courrier de sortie et de Prescription spécifique si besoin (Kiné... aménagement de la cellule? Lors d'un Handicap, ou en phase post opératoire ne permettant pas un retour en détention une demande en Soins de Suite et de Rééducation à Marseille jusqu'à reprise de l'autonomie est faite afin de réévaluer la situation.

Mais une sortie d'hospitalisation peut aussi être une sortie de détention comme une Libération en fin de peine, ou un aménagement de peine pour raison médicale (Libération conditionnelle, Suspension de peine, placement extérieur..), et va nécessiter une préparation en amont avec notamment une mise à jour des droits sociaux à jour, de refaire le point sur les revenus (Couverture sociale à jour (CMUC...)- mise en place d'une prise en charge des soins à 100% - droits à la Retraite - allocation adulte handicapé...) [30].

Cependant, les hébergements adaptés sont insuffisants et les équipes sont confrontées à d'autres problèmes comme le refus de transfert avec le refus sous-jacent du patient car il est détenu, le manque de place en ACT [31] (appartement de coordination thérapeutique) comme en EHPAD (Établissement d'hébergement pour personnes âgées dépendantes). Mais la continuité des soins doit être une priorité avec la mise en place d'un suivi qui doit être proche du domicile, et donc ne peut être envisagé qu'après l'hébergement ? De même la question du Médecin traitant est essentielle, or souvent les patients n'en ont pas.

---

[30] Ministère des Affaires sociales, de la Santé et des Droits des femmes. Guide méthodologique sur la prise en charge sanitaire des personnes placées sous main de justice [Internet]. 2013 V. http://www.sante.gouv.fr/prise-en-charge-sanitaire-des-personnes-placees-sous-main-de-justice.html

[31] Circulaire DGS (SD6/A)/DGAS/DSS n° 2002-551 du 30 octobre 2002 relative aux appartements de coordination thérapeutique (ACT) - Décret n° 2002-1227 du 3 octobre 2002 relatif aux appartements de coordination thérapeutique

Pour la mise en place d'un aménagement de peine, la bonne coordination entre le service médical, l'assistance sociale de l'hôpital, le service de probation et d'insertion pénitentiaire (SPIP), le juge d'application des peines (JAP) est donc fondamentale pour monter le projet autour du patient et permettre la continuité des soins.

Pour conclure

La prise en charge sanitaire des patients détenus demande une bonne connaissance du cadre législatif et de contraintes du milieu pénitentiaire.

Les UHSI sont des services d'hospitalisation de courte durée certes sécurisés, et donc ne peuvent être considérées comme « une annexe de la détention », ou être assimilées à un lieu de vie.

Les problématiques en hospitalisation sont plus organisationnelles avec les possibilités d'accès aux soins, des escortes pénitentiaires, que réellement médicales.

La communication entre tous les acteurs en respectant les missions et les obligations de chacun (comme le secret médical et de l'instruction) dans le respect du patient est le point essentiel pour fonctionner.

Le relai à la sortie d'hospitalisation pour la continuité des soins dedans/dedans comme dedans/dehors doit être anticipé, et travaillé au quotidien.

Liste des Abréviations

US Unités sanitaires / USN1 Unités sanitaires de niveau1

MA maison d'arrêt

qMA quartier de Maison d'arrêt

CD centre de détention

MC maison centrale

CP centre pénitentiaire

CSL centre de semi-liberté

CPA centre pour peine aménagée

DSS dispositif de soins somatiques

DSP dispositif de soins psychiatriques

UHSI Unité Hospitalière Sécurisée Interrégionale

RDV rendez-vous

SPDRE soins psychiatriques sur décision d'un représentant de l'Etat

ACT appartement de coordination thérapeutique

Le droit à la santé des détenus au Brésil

Tarsis BARRETO OLIVEIRA

Docteur en Droit de l'Université Fédérale de Bahia. Professeur de Droit Pénal de l'Université Fédérale de Tocantins. Coordinateur du Master en Prestation Juridictionnelle et Droits de l'Homme de l'Université Fédérale de Tocantins et du Cours de Spécialisation en Sciences Criminelles de l'UFT

Les violations des droits de l'homme dans le système pénitentiaire au Brésil sont plus manifestes dans le domaine de la santé. En ce qui concerne la santé des détenus, parmi les maladies les plus courantes nous avons le VIH, la syphilis, l'hépatite et la tuberculose. Pour ce qui est du virus VIH, le pourcentage de détenus infectés au Brésil est encore une inconnue. De nombreuses études par échantillonnage ont été faites dans le pays depuis les années 90 et elles ont conclu que ce chiffre diminue grâce à l'accès aux médicaments et aux campagnes de prévention, ainsi qu'à la distribution de préservatifs. Toutefois, en fonction des mauvaises conditions d'hygiène, de la consommation de drogues, du partage des seringues et de la promiscuité entre les détenus le risque de contagion dans les prisons est très élevé. On estime que l'incidence de VIH dans le système carcéral est 20 fois supérieure à celle observée dans la population brésilienne en général, mais les données ne sont pas concluantes.

En ce qui concerne la tuberculose, les chiffres sont encore plus effrayants. On estime qu'un individu détenu dans les prisons brésiliennes a vingt-huit fois plus de possibilités de contracter la maladie qu'un individu en liberté, ce qui s'explique par les conditions précaires et totalement insalubres des maisons d'arrêt et des centres de détention dans le pays.

Le chaos dans la santé est perceptible dans divers centres pénitentiaires. C'est le cas dans plusieurs états brésiliens où les locaux ne sont pas adaptés pour que les détenus handicapés y purgent leur peine. Dans l'État de Roraima on a constaté il y a un certain temps qu'il n'y avait qu'un professionnel de santé pour 320 détenus. Dans l'état de Rio Grande do Norte il y a seulement 4 professionnels de santé pour 1.906 détenus. Quant à l'état de São Paulo, le plus grand du pays, bien qu'il y ait 368 professionnels de santé, cela ne représente qu'un professionnel pour 589 détenus.

Cette situation chaotique de la santé dans le système carcéral a conduit le Conseil National de Justice à intensifier la réalisation d'interventions conjointes. Ces interventions ont permis de détecter de graves situations dans les centres pénitentiaires. En 2009, on a vérifié, par exemple, qu'une prison de l'état d'Espírito Santo abritait 256 personnes dans une cellule avec une seule salle de bains, alors que sa capacité n'était projetée que pour 36 détenus. Une autre inspection dans la prison de la ville de Porto Alegre en 2011 a détecté un risque élevé de transmission de maladies infecto-contagieuses, telles que la tuberculose, le SIDA, l'hépatite (A, B et C), les maladies de peau et les verminoses. Les interventions conjointes du CNJ ont également permis d'identifier la présence de centaines de personnes souffrant de troubles mentaux parmi les autres détenus. Une autre inspection dans l'état d'Alagoas a confirmé que le gouvernement déboursait 3.000 réaux par prisonnier dans une prison où l'eau manquait, obligeant les prisonniers à supporter la soif pendant 5 heures d'affilée. En 2012, dans l'état du Paraná, on a identifié un individu souffrant de troubles mentaux détenu depuis 36 ans sans qu'il présente aucun danger. C'est dans l'état du Ceará qu'a été découvert en 2013 un détenu âgé de 80 ans, souffrant de troubles mentaux et qui avait été absous par la justice en 1989, mais qui restait derrière les barreaux, ainsi que 46 détenus ayant bénéficié de leur libération, mais qui continuaient à être détenus dans cet établissement pénitentiaire.

En ce qui concerne le rôle de l'État dans la prestation de la santé au détenu, nous pouvons établir l'année 2003 comme cadre juridique légal de définition des compétences pour la promotion de leur santé. Avant 2003, il régnait une incertitude quant au Ministère responsable de la santé du détenu. Le Ministère de la Justice considérait que cette responsabilité incombait au Ministère de la Santé étant donné que sa tâche consistait à assurer la sécurité des centres pénitentiaires et la garde et l'entretien des détenus. La préoccupation centrale était alors la garantie de la sécurité des prisons et la prévention des rébellions plutôt que les questions de santé du détenu. D'autre part, pour le ministère de la Santé, la responsabilité de la santé des détenus revenait au Ministère de la Justice, puisqu'il considérait que ceux-ci étaient incarcérés et dépendaient donc de l'administration et de la supervision de ce ministère, le Ministère de la Santé n'étant responsable que de la prestation de la santé à la population en général qui se trouve en liberté. C'est le détenu qui pendant des décennies a souffert de cette situation de manque de définitions et de transfert de responsabilité.

Cependant, en 2003, le gouvernement fédéral a institué le Plan national de santé du système pénitentiaire. Il a défini l'action commune des Ministères de la Santé et de la Justice pour la prestation de la santé aux détenus, en déterminant que le Ministère de la Santé supporterait 70 % des investissements et le Ministère de la Justice les 30 % restants. Le Plan national de santé du système pénitentiaire a défini comme objectifs : la prise en charge intégrale de la santé de la population carcérale ; le contrôle et la réduction des maladies ; des actions et des services en accord avec le SUS (Système Unique de Santé) ; des partenariats avec des organismes et des institutions; la démocratisation de l'accès à la santé ; la reconnaissance de la santé en tant que droit de la citoyenneté ; encourager l'exercice effectif du contrôle social.

Le gouvernement a alors établi le financement suivant pour les centres pénitentiaires : a) pour les centres comptant plus de 100 personnes détenues, une équipe pour chaque groupe de 500 détenus serait mise en place, avec un budget de 40.008,00 réaux par an et par équipe; b) pour les centres avec un maximum de 100 personnes détenues, le transfert serait de 20.004,00 réaux par an et par établissement.

Ce Plan national de santé du système pénitentiaire a été établi en 2003. Toutefois, selon le Ministère de la Justice, 10 ans après sa création il a été constaté que 30 % seulement de la population carcérale brésilienne y avaient accès. Nous pouvons avancer que cela est dû aux facteurs suivants : a) augmentation exponentielle de la population carcérale ; b) bureaucratie dans le transfert des fonds ; c) manque de compétence des gestionnaires dans les différents états pour exécuter les fonds mis à disposition par le gouvernement fédéral. Dans de nombreux cas, les fonds pour la prise en charge de la santé du détenu étaient transférés mais les états ne rendaient pas compte de l'application de ces ressources, ce qui a conduit le Ministère de la Justice à suspendre en 2010 de nouveaux transferts jusqu'à ce que l'exécution effective des fonds ait été démontrée. Cela a eu pour effet d'aggraver encore plus la situation de santé des détenus dans de nombreux états.

Ces obstacles ont conduit le gouvernement à conclure que le Plan national de santé du système pénitentiaire était obsolète et qu'il fallait créer un plan d'État pour la promotion de la santé du détenu, basé sur la systématique du Système Unique de Santé (SUS). C'est en ce sens que la Politique nationale de prise en charge de la santé des personnes privées de liberté dans le système carcéral (PNAISP) a été instituée, de sorte à inclure la population carcérale dans le Système Unique de Santé. Ainsi, les prisonniers ont commencé à jouir du même accès à la santé, tout au moins formellement, que les citoyens brésiliens en liberté. Le plan établissait aussi l'expansion de la fourniture de médicaments aux états et municipalités. Selon cette nouvelle politique, la responsabilité du détenu revenait au Ministère de la Santé, le Ministère de la Justice étant chargé des investissements nécessaires pour la mise en place des unités de santé carcérale moyennant des conventions passées avec chaque état. Pour cela, le gouvernement fédéral a signé une Convention avec 24 états pour la mise en place de 632 unités de santé de base, pour un investissement total de 41 millions de réaux.

En ce qui concerne la prise en charge des détenus souffrant de troubles mentaux a été créé en 2014 le Service d'évaluation et de suivi des mesures thérapeutiques applicables aux personnes souffrant de troubles mentaux en conflit avec la loi (EAP). Le nouveau plan a défini la création d'équipes multidisciplinaires constituées par : 1 infirmier, 1 médecin psychiatre ou médecin ayant une expérience en matière de santé mentale, 1 psychologue, 1 assistant social et 1 professionnel avec une formation en sciences humaines, sociales ou de la santé, avec un horaire de travail de 30 heures par semaine. Pour cela, une contribution financière de 66.000 réaux mensuels a été mise en place pour chaque équipe d'évaluation et de suivi.

Le gouvernement fédéral a alors institué comme objectif la fermeture progressive des hôpitaux psychiatriques médico-légaux et le remplacement du traitement psychiatrique dans des prisons ou dans des unités hospitalières sécurisées par des mesures thérapeutiques de base communautaire, c'est-à-dire en substituant le traitement habituel des détenus souffrant de troubles mentaux dans des établissements fermés de façon à garantir le retour à la liberté, au moyen d'un traitement réalisé dans des lieux ou installations autres que les prisons.

Cependant, en dépit de ces changements, les problèmes persistent et les conditions sanitaires dans les prisons au Brésil sont encore très préoccupantes. Cela est dû à de nombreux problèmes tels que le manque de respect des objectifs fixés pour chaque entité fédérée : l'Union, les États et les municipalités ; à la nécessité d'une coordination et d'une synchronisation des mesures prises ; à la difficulté qu'ont les gestionnaires publics à assurer la mise en œuvre des changements et une efficace application des ressources disponibles.

Le gouvernement fédéral est chargé d'établir et d'agencer les lignes directrices de la politique nationale de santé pour les prisonniers, ainsi que de transmettre les fonds à travers le Ministère de la Santé et le Ministère de la Justice. Cependant, les compressions budgétaires et la bureaucratie pour libérer les fonds finissent par entraver la réalisation des objectifs. Les gouvernements des États sont responsables de l'application des fonds mis à leur disposition par le gouvernement fédéral ainsi que de la sécurité dans les prisons et dans les infrastructures nécessaires pour que les professionnels de la santé puissent travailler au sein de ces institutions. Toutefois, l'absence de rapports sur l'application des fonds par les gouvernements des états a entravé les nouveaux transferts du gouvernement fédéral. Les municipalités sont responsables de l'enregistrement des équipes de santé qui vont travailler dans les prisons. Cependant, l'insalubrité et les mauvaises conditions d'hygiène dans les prisons ont nui aux activités de ces équipes et ont restreint la qualité de leur travail. En outre, il y a une certaine résistance de la part des professionnels de la santé à agir dans les prisons, compte tenu du risque constant de rébellions et des mauvaises conditions de travail qu'ils rencontrent.

Compte tenu du vaste territoire national et du grand nombre de prisons dans le pays, il est impossible d'établir un diagnostic précis et d'envisager une norme uniforme en matière de promotion de la santé du prisonnier. En effet, certains Etats sont plus avancés dans la prise en charge des détenus, tandis que d'autres ont un cadre de santé plus précaire dans l'offre de la santé à ceux-ci. Il est clair, aussi, que de nombreuses initiatives sont isolées et dispersées, et marquées par la discontinuité dans la prestation des services. En termes généraux, parmi les actions de santé les plus observées nous pouvons citer : les campagnes de vaccination, les tests de laboratoire, la prévention des maladies sexuellement transmissibles (MST), le traitement de maladies telles que le SIDA, la tuberculose et la lèpre, le traitement psychiatrique, la fourniture de méthodes contraceptives, le suivi des femmes enceintes, entre autres.

L'état d'Espírito Santo, bien qu'il soit loin des conditions souhaitées, est un exemple d'état avec des niveaux plus satisfaisants d'offre de santé au prisonnier. Dans cet état, la grande majorité des soins médicaux est faite dans les prisons elles-mêmes, et l'on note la présence d'un grand nombre d'équipes de santé multidisciplinaires (composées de médecins, infirmières, dentistes, travailleurs sociaux et psychologues) ; des équipements pour les tests de santé sont à la disposition des détenus ; une pharmacie centrale offre des dizaines de médicaments ; il y a également un centre de référence pour le traitement de la tuberculose.

On peut en conclure que, en dépit de quelques améliorations réglementaires, opérationnelles et financières dans la prestation de santé aux détenus, de nombreux défis doivent être surmontés. Parmi ceux-ci, on peut mentionner : a) l'expansion des ressources pour le traitement de la santé des détenus ; b) la gestion efficace des ressources disponibles ; c) l'amélioration de la structure des prisons, en s'attaquant aux conditions insalubres et à la précarité de celles-ci, car il est pratiquement impossible de garantir une santé de qualité minimale dans le système carcéral brésilien ; d) l'engagement politique des gestionnaires publics dans la garantie et la prestation efficace de conditions sanitaires adéquates aux prisonniers.

Nous pouvons conclure que le droit à la santé du prisonnier au Brésil n'est garanti que d'un point de vue formel. Au quotidien, on observe des violations non seulement du droit à la santé, mais c'est la vie elle-même du condamné qui est en risque.

Les modifications réglementaires introduites en 2003 et en 2014, en dépit de certains progrès, y compris la mise en place des compétences de chaque entité fédérée, n'ont pas encore été en mesure de promouvoir des changements substantiels dans le cadre de la fourniture efficace de la santé aux détenus. Cela est dû à de nombreux facteurs, y compris le manque de ressources disponibles, l'incompétence des gestionnaires publics dans la collecte et l'utilisation des fonds et l'absence de conditions adéquates pour le travail des professionnels de la santé dans les prisons. A cet égard, l'insalubrité et les précaires conditions d'hygiène observées constituent un environnement favorable à la propagation des maladies infectieuses, telles que les maladies sexuellement transmissibles, celles des voies respiratoires et de la peau. D'autre part, assurer la santé et des soins médicaux aux détenus ne constitue pas l'obligation exclusive du secteur de la santé, la justice et les pouvoirs publics devant s'engager dans l'amélioration des infrastructures et la fourniture de conditions sanitaires minimales à l'intérieur des prisons.

L'étendue du territoire national et le grand nombre de prisons et de détenus dans tout le pays permettent de vérifier l'absence de normes de qualité uniformes dans l'offre de santé, avec des états plus ou moins avancés sur le plan des soins au prisonnier. Cette image est encore aggravée en raison de la croissance exponentielle de la population carcérale et de la crise économique que connaît actuellement le pays, qui a pour conséquence la réduction des investissements publics dans les différents programmes. Il devient donc fondamental de rechercher des solutions alternatives pour garantir les conditions minimales de vie, de santé et de dignité des détenus dans tout le pays, par la contribution, la participation et l'engagement de la société dans le but d'intensifier le débat sur la question et la recherche d'alternatives possibles au problème.

La santé et le maintien en prison : quelle pratique pour les suspensions de peine pour raisons médicales ?

Pascal FAUCHER

Vice-président chargé de l'application des peines au tribunal de grande instance de Bordeaux

Depuis la loi du 4 mars 2002 créant l'article 720-1-1 du code de procédure pénale[1], il est prévu que les détenus condamnés "atteints d'une pathologie engageant le pronostic vital ou que leur état de santé est durablement incompatible avec le maintien en détention" puissent voir l'exécution de leur peine suspendue et soient ainsi remis en liberté.

Article 720-1-1 du code de procédure pénale

Sauf s'il existe un risque grave de renouvellement de l'infraction *(loi 12/12/2005[2])*, la suspension peut également être ordonnée, quelle que soit la nature de la peine ou la durée de la peine restant à subir, et pour une durée qui n'a pas à être déterminée, pour les condamnés dont il est établi qu'ils sont atteints d'une pathologie engageant le pronostic vital ou que leur état de santé physique ou mentale *(loi 15/08/2014[3])* est durablement incompatible avec le maintien en détention. La suspension ne peut être ordonnée en application du présent article pour les personnes détenues admises en soins psychiatriques sans leur consentement. *(loi 15/08/2014)*

---

[1] Loi n°2202-303 du 4 mars 2002 relative aux droits des malades et à la qualité du système de santé (JORF du 5 mars 2002, p. 4118).

[2] Loi n°2005-1549 du 12 décembre 2005 relative au traitement de la récidive des infractions pénales (JORF du 13 décembre 2005, p. 19152).

[3] Loi n°2014-896 du 15 août 2014 relative à l'individualisation des peines et renforçant l'efficacité des sanctions pénales (JORF du 17 août 2014, p. 13647).

La suspension ne peut être ordonnée que si une expertise médicale établit *(loi 15/08/2014)* que le condamné se trouve dans l'une des situations énoncées à l'alinéa précédent. Toutefois, en cas d'urgence, la suspension peut être ordonnée au vu d'un certificat médical établi par le médecin responsable de la structure sanitaire dans laquelle est pris en charge le détenu ou son remplaçant *(loi 24/11/2009[4]).*

Lorsque la peine privative de liberté prononcée est d'une durée inférieure ou égale à dix ans ou que, quelle que soit la peine initialement prononcée en cas d'urgence ou lorsque *(loi 15/08/2014)* la durée de détention restant à subir est inférieure ou égale à trois ans, cette suspension est ordonnée par le juge de l'application des peines selon les modalités prévues par l'article 712-6 *(loi 09/03/2004[5]).*

Dans les autres cas, elle est prononcée par le tribunal de l'application des peines selon les modalités prévues par l'article 712-7 *(loi 09/03/2004).*

Dans les cas prévus aux troisième et quatrième alinéas du présent article, le condamné peut être régulièrement représenté par son avocat lorsque son état de santé fait obstacle à son audition ; le débat contradictoire se tient alors au tribunal de grande instance *(loi 15/08/2014).*

La juridiction qui accorde une suspension de la peine en application des dispositions du présent article peut décider de soumettre le condamné à une ou plusieurs des obligations ou interdictions prévues par les articles 132-44 et 132-45 du Code pénal *(loi 09/03/2004).*

Le juge de l'application des peines peut à tout moment ordonner une expertise médicale à l'égard d'un condamné ayant bénéficié d'une mesure de suspension de peine en application du présent article et ordonner qu'il soit mis fin à la suspension si les conditions de celle-ci ne sont plus remplies. Il en est de même si le condamné ne respecte pas les obligations qui lui ont été imposées en application des dispositions de l'alinéa précédent *(loi 09/03/2004)* ou s'il existe

---

[4] Loi n°2009-1436 du 24 novembre 2009 pénitentiaire (JORF du 25 novembre 2009, p. 20192).

[5] Loi n°2004-204 du 9 mars 2004portant adaptation de la justice aux évolutions de la criminalité (JORF du 10 mars 2004, p. 4567).

de nouveau un risque grave de renouvellement de l'infraction *(loi 10/03/2010*[6]*)*. La décision du juge de l'application des peines est prise selon les modalités prévues par l'article 712-6 *(loi 09/03/2004)*.

Si la suspension de peine a été ordonnée pour une condamnation prononcée en matière criminelle, une expertise médicale destinée à vérifier que les conditions de la suspension sont toujours remplies doit intervenir tous les six mois *(loi 12/12/2005)*.

Les dispositions de l'article 720-2 ne sont pas applicables lorsqu'il est fait application des dispositions du présent article.

L'origine de ce texte est à rechercher quelques années plus tôt, au début de l'année 2000, à l'occasion des missions parlementaires de l'Assemblée nationale et du Sénat sur l'état de nos prisons. Parmi les découvertes des parlementaires, figurait le fait que des détenus en fin de vie ou séniles poursuivaient leur peine en prison, dans des conditions matérielles et humaines totalement inadaptées.

C'est ainsi que, dans un premier temps, une proposition de loi sénatoriale était approuvée par le Sénat, visant à introduire le dispositif de la suspension de peine. Assez naturellement, ce dispositif vint s'intégrer, sous forme d'amendement, dans la future loi du 04 mars 2002 portée par le ministre délégué à la santé, M. Bernard Kouchner, relative aux droits des malades et à la qualité du système de santé.

Cet acte de naissance est particulièrement significatif. Ce que le législateur a voulu exprimer est qu'arrivé à un certain stade d'aggravation, l'état de santé du malade doit prendre le pas sur la situation pénale du condamné. Et cela sans ambiguïté aucune, puisque le mécanisme d'interdiction d'aménagement de peine que constitue la période de sûreté est écarté sans aucune réserve (cf. le dernier alinéa de 720-1-1 qui écarte sans réserve l'effet de la période de sûreté: *"Les dispositions de l'article 720-2 ne sont pas applicables lorsqu'il est fait application des dispositions du présent article"*).

Dans ce cadre très volontariste, l'on peut s'étonner encore que des détenus, très malades ou très vieux, continuent à vivre et à mourir dans les murs des prisons. J'en voudrai deux signes : hors suicide, plus d'une centaine de détenus meure chaque année dans nos pri-

[6] Loi n°2010-242 du 10 mars 2010 tendant à amoindrir le risque de récidive criminelle et portant diverses dispositions de procédure pénale (JORF du 11 mars 2010, p. 4808).

sons (si l'on exclut quelques décès soudains, il est certain que des condamnés entrant dans les prévisions du texte n'en ont pas bénéficié) ; par ailleurs, dans certains établissements pour peines, il existe des quartiers surnommés les "mouroirs" dans lesquels les détenus ne sortent plus de leur cellule, voire de leur lit à raison de leur état de santé et pour lesquels des co-détenus servent d'aides-soignants.

Des chiffres plus optimistes évoquent pour 2012 plus de 250 suspensions ordonnées pour moins de 300 demandes (88 % d'octroi).[7] Mais, à vrai dire, il est bien difficile de tirer des leçons certaines de ces chiffres, tant les données statistiques sont complexes à cibler : d'un côté, il est impossible de quantifier le nombre de condamnés qui relèveraient médicalement en théorie du dispositif de la suspension (quelle population de référence ?) ; d'un autre côté, il arrive bien souvent que les juridictions de l'application des peines contournent l'incompatibilité avec le maintien (ou le placement) en détention en usant d'autres dispositifs d'aménagement de peine (libération conditionnelle, placement sous surveillance électronique, placement à l'extérieur), parfois plus simples à mettre en œuvre.

Je vais donc éviter de me lancer dans des débats sur ces données statistiques et plutôt tenter d'ébaucher un certain nombre de motifs qui vont faciliter ou limiter le prononcé de la suspension de peine pour raisons médicales.

De mon champ d'observation[8], je vais tout d'abord écarter la question du sort des détenus provisoires : non qu'elle soit quantitativement négligeable, mais pour deux raisons. La première, conjoncturelle, est liée au fait que l'extension du dispositif de remise en liberté des détenus provisoires pour raisons de santé (par la création de l'article 147-1 du code de procédure pénale) date de la loi du

---

[7] Aménagements et suspensions de peine pour raison médicale, Groupe de travail Santé Justice, Rapport à Madame la Garde des Sceaux, ministre de la Justice et à Madame la ministre des Affaires Sociales et de la Santé, http://www.justice.gouv.fr/art_pix/rapport_amenagement_suspensions_peine_raison_medic.pdf

[8] Magistrat chargé de l'application des peines dans un tribunal d'une certaine importance, avec un bassin de population conséquent (1,2 millions d'habitants) ce qui permet de disposer de structures d'accueil variées (sociales ou médico-sociales), et un centre pénitentiaire hébergeant environ 700 personnes (essentiellement du public de "maison d'arrêt", les établissements pour peines recevant les condamnés de la Gironde étant situés dans les départements limitrophes).

15 août 2014 et n'est pas encore bien reçue par les professionnels. La seconde raison est plus fondamentale et a trait au sens même de la détention provisoire. Si l'on en reste aux seuls critères de l'article 144 du code de procédure pénale, la détention provisoire a principalement pour vocation de garantir le bon déroulement de l'instruction. L'influence que pourrait avoir l'évolution de l'état de santé de la personne concernée devrait rester marginale.

Du point de vue procédural, le mécanisme de la suspension de peine a été progressivement simplifié, pouvant permettre des décisions dans des délais exprès :

- de l'exigence initiale de deux expertises médicales concordantes (concluant que le condamné est atteint d'une pathologie engageant le pronostic vital ou que son état de santé est durablement incompatible avec le maintien en détention), l'on est passé à une seule expertise médicale (loi du 15/08/2014) ou, même en cas d'urgence, à un simple certificat médical établi par le médecin responsable de la structure sanitaire dans laquelle est pris en charge le détenu (loi du 24/11/2009) ;

- de la répartition de compétence stricte entre le juge de l'application des peines (peine privative de liberté prononcée inférieure ou égale à dix ans où la durée de détention restant à subir est inférieure ou égale à trois ans) et le tribunal de l'application des peines (peine privative de liberté prononcée supérieure à dix ans et durée de détention restant à subir supérieure à trois ans), l'on est passé à une compétence toujours possible du juge de l'application des peines en cas d'urgence (loi du 24/11/2009) ;

- afin de contourner la difficulté de l'audition d'un détenu devenu incapable de s'exprimer (coma, sédation, démence), il est désormais prévu que l'avocat peut représenter le condamné (loi du 15/08/2014) ;

- si l'article 712-21 du code de procédure pénale persiste à exiger une expertise psychiatrique préalable pour le condamné à une peine de suivi socio-judiciaire, l'article 712-23 du même code permet d'y déroger, notamment en cas d'urgence (loi du 24/11/2009).

Si l'on fait la synthèse de l'ensemble de ces évolutions, il est donc possible prendre une décision dans des délais très brefs, par exemple en admettant en suspension de peine un condamné dans la journée de la délivrance du certificat médical du médecin responsable, informant et de l'engagement du pronostic vital et de la possibilité d'admettre l'intéressé en soins palliatifs.[9]

Subsistent plusieurs difficultés qui limitent le recours à la suspension de peine. Deux sont principalement techniques : la question de la pertinence de l'expertise médicale au regard des conditions réelles de détention et celle de la recherche de lieux adaptés à la situation de santé du détenu. Je les évoquerai dans un instant.

Mais, le principal frein à cette mesure consiste dans le déni même de l'objet de la suspension de la suspension de peine. Comme le rappelait en 2013 Mme Christiane Taubira, alors ministre de la Justice, *"l'esprit de la loi pénitentiaire est de permettre au détenu dont le pronostic vital est engagé de finir ses jours parmi les siens"* et j'ajouterai, quelle que soit la gravité des infractions commises.

Or, cet objectif humanitaire est loin de faire consensus dans notre société, chez les professionnels en premier.

La première trace de ce désaccord fut l'occasion d'un premier débat judiciaire à l'occasion de la suspension de peine accordée à Maurice Papon, condamné pour crimes contre l'humanité.

La thèse du parquet général de Paris qui s'était pourvu en cassation était de contester la décision favorable de la chambre des appels correctionnels[10], en ce qu'elle n'avait pas répondu au motif lié au trouble à l'ordre public que représentait à ses yeux cette suspension de peine. Par un arrêt très clair, la chambre criminelle a écarté la question du trouble à l'ordre public, en indiquant que ce critère n'apparaissant pas comme une des conditions d'octroi de la suspension de peine, la juridiction n'avait pas à y répondre.

> Crim 12 février 2003, Bull. Crim. n° 37 :
> *« Attendu que le procureur général ne saurait faire grief à l'arrêt d'avoir dit que la suspension de peine n'était pas de nature à troubler l'ordre public, compte tenu de l'âge et de l'état de santé*

---

[9] Cela a pu se faire à Bordeaux, avec dispense d'expertise et de débat contradictoire acceptée par le ministère public, un 24 décembre.

[10] Entre 2000 et 2004, la chambre d'appel des décisions du juge de l'application des peines était la chambre des appels correctionnels.

de X……, sans rechercher l'existence d'éléments extérieurs à la personne de celui-ci, au regard de la gravité et du retentissement d'une condamnation prononcée pour crime contre l'humanité ;
Qu'en effet, l'article 720-1-1, alinéa 1er, du code de procédure pénale, qui prévoit la possibilité de suspendre une peine privative de liberté, qu'elle qu'en soit la nature ou la durée, et pour une durée qui n'a pas à être déterminée, à l'égard des condamnés dont il est établi qu'ils sont atteints d'une pathologie engageant le pronostic vital ou que leur état de santé est durablement incompatible avec le maintien en détention, ne fixe aucune condition tenant à la nature des infractions sanctionnées ou à l'existence d'un risque de trouble à l'ordre public ».

Après l'adoption de la loi du 09 mars 2004, juridictionnalisant l'ensemble de la matière de l'application des peines, la Cour de cassation ajoutera que l'article 707 du code de procédure pénale n'imposait pas plus un examen des demandes de suspension au titre de la sécurité ou de l'ordre public. [11]

Prenant acte que le trouble à l'ordre public ne pouvait être un motif opérant, le législateur viendra au secours du ministère public en ajoutant au début de l'article 720-1-1, la mention *"sauf s'il existe un risque grave de renouvellement de l'infraction"*.

Ce nouveau critère introduit par la loi du 12 décembre 2005 est trop souvent entendu de manière extensive autour de questions relatives à la non-reconnaissance de sa culpabilité par le condamné, à son discours sur les victimes, voire à la justification de ses actes (cf. les difficultés à en faire bénéficier certains terroristes d'Action Directe, pourtant gravement malades).

Cela devient alors un des leitmotivs du débat contradictoire, oubliant souvent qu'il doit s'agir d'un risque *grave* et que ce risque doit concerner l'infraction à l'origine de la condamnation exécutée.

Dans le même esprit, l'on retrouve des débats sur le sens de la peine (pour les victimes, pour la société) dès lors que l'on envisage cette suspension : comment des motifs humanitaires (pour le con-

[11] Crim. 15 mars 2006, Bull. Crim. n° 80, n° 05-83.329. AJ Pénal 2006, 273, obs. M. Herzog-Evans ; RSC 2007. 350, note P. Poncela.

damné) pourraient être invoqués alors que l'auteur des faits n'en pas fait bénéficier ces victimes ?

Tous ces débats annexes à la question de l'état de santé du condamné peuvent être considérés comme encourageant la frilosité de certaines décisions, face à des situations entrant pourtant dans le cadre de la loi.

L'autre frein au prononcé d'une suspension de peine médicale consiste dans l'analyse même de l'état de santé du condamné. A priori, l'on pourrait penser qu'il s'agit là d'une donnée objective, tirée de la science médicale. L'expérience des doubles expertises démontre cependant que cette analyse de l'état de santé bute sur deux obstacles. L'un assez classique pour le juge consiste dans la divergence des diagnostics suivant les experts, notamment sur la question de la mise en jeu du pronostic vital.

En admettant que les juridictions refusent valablement une suspension de peine, au motif que le pronostic vital n'était pas engagé à court terme, la Cour de cassation entraîne les juges et les experts dans un débat délicat [12].

L'on comprend bien la nécessité de resserrer les termes du débat. Le pronostic vital de chacun d'entre nous est engagé dès notre naissance et une banale affection ne saurait justifier l'octroi d'une suspension de peine.

Pour autant, il est des affections dont on connaît tous l'issue fatale. Mais à quelle échéance ? Faut-il attendre les derniers instants (par exemple, l'admission programmée en soins palliatifs) ? Il me semble que le texte est bien plus ambitieux et devrait permettre une libération moins tardive. Dans ce domaine, le juge est souvent frappé par l'aléa de l'évaluation médicale, par la résistance de certains malades ou, au contraire, par l'effondrement soudain d'autres.

Estimer un pronostic vital pour un médecin aguerri est un exercice bien compliqué. Il l'est d'autant plus pour le juge. Le risque est que la décision intervienne trop tard, lorsque le malade n'est plus conscient. La suspension de peine médicale est alors réduite à un

[12] Crim. 28 septembre 2005, Bull. Crim. n° 247, n° 05.81-010. AJ Pénal, 2005, 461, obs. M. Herzog-Evans ; Dr. Pénal 2005, Comm. 183, obs. A. Maron.

accompagnement de l'agonie ce qui est bien en deçà de la volonté du législateur.

La seconde limite de l'expertise médicale consiste aussi en la méconnaissance que l'expert peut avoir de ce qui est possible ou non en milieu carcéral. Les progrès accomplis depuis 1994 en terme d'offre de soins sont considérables. L'ouverture des Unités Hospitalières Sécurisées Interrégionales (UHSI) [13] et des Unités Hospitalières Spécialement Aménagées (UHSA) [14] ajoute à ces avancées.

Cela aboutit parfois à des conclusions expertales surprenantes, dont il ressort que les soins assurés en milieu carcéral seraient adaptés ou suffisants.

Par exemple, il m'est arrivé de lire une expertise concluant que les risques encourus par la condamnée à son domicile, en raison de la tardiveté possible de l'intervention des services d'urgence, seraient supérieurs à ceux qu'elle connaîtrait en milieu carcéral (l'expert déconseillant un placement sous surveillance électronique et ne s'opposant pas à une incarcération sans aménagement). L'expert estimait que la surveillance médicale en prison serait suffisante à réduire les risques, méconnaissant manifestement les conditions d'intervention en prison, hors UHSI ou UHSA (pas de surveillance médicale continue, intervention ralentie des urgences la nuit ou les fins de semaine). [15]

---

[13] L'unité hospitalière sécurisée interrégionale (UHSI) est, au sein d'un établissement de santé, une unité prenant en charge les hospitalisations programmées de plus de 48 heures des personnes détenues, sous la surveillance directe de l'administration pénitentiaire, présente au sein même de la structure hospitalière.

[14] Les unités hospitalières spécialement aménagées (UHSA) sont, au sein d'un établissement de santé, des unités prenant en charge des personnes placées sous mains de justice nécessitant des soins psychiatriques en hospitalisation complète. Le personnel de l'administration pénitentiaire assure les transferts, le contrôle des entrées et des sorties, mais n'est pas présente au sein de l'unité de soins, sauf en cas de demande du personnel soignant.

[15] Dans cette affaire, la condamnée à une peine d'un an d'emprisonnement avait obtenu dans un premier temps un placement sous surveillance électronique dans le cadre de l'article 723-15 du code de procédure pénale (elle était donc libre). La décision n'avait pas pu se mettre à exécution, un certain nombre d'hospitalisation étant intervenu avant la mise sous écrou et l'état de santé restant très précaire, des crises aiguës (avec hospitalisation en urgence) pouvant survenir à tout moment. Questionné sur l'éventuel placement sous surveillance électronique, l'expert concluait

Au secours du juge sur ce point, la Cour de cassation l'a invité à ne pas se satisfaire des conclusions de l'expert (au regard des conditions légales de l'accès aux soins en détention), mais de se pencher sur les conditions effectives de détention du condamné, de les apprécier au visa de l'article 3 de la Convention européenne des droits de l'homme et de vérifier si elles ne s'apparentent pas à des traitements inhumains ou dégradants [16].

Il est vrai que les efforts matériels de l'administration pénitentiaire dans l'élaboration des derniers établissements construits sont importants. Mais, l'existence de cellules pour personnes handicapées ne saurait masquer le fait que, la plupart du temps, ces condamnés ne peuvent pas bénéficier des soins auxquels ils pourraient prétendre en liberté afin de soulager leur état (assistance à la vie, aide-soignant quotidien, séances régulières de kinésithérapie).

Et, sauf à modifier leurs formats et leurs missions, les UHSI et les UHSA n'ont pas vocation à prendre en charge sur une durée parfois longue l'ensemble de ces soins.

Le dernier point que je voudrai ici évoquer est la difficulté de trouver un point de chute adapté au condamné malade. Maître Etienne Noël le développera mieux que moi cet après-midi. J'essaierai simplement de poser les termes de l'équation.

Comment trouver un lieu offrant un accueil médicalisé et socialisé pour un condamné qui n'a souvent plus de famille pour l'accueillir (que la famille soit éclatée ou la victime des infractions, que l'intéressé ait vécu "sans famille"), qui n'a pas toujours les ressources pour payer les frais courants à sa prise en charge (l'on cotise peu quand on vit de sa criminalité ou quand on a passé sa vie en détention) et qui est précédé par la réputation de ses infractions (parfois graves et médiatisées) ?

---

que la détention au quartier femme présentait moins de danger médical. Passant outre cette conclusion, le juge de l'application des peines accordait la suspension de peine, notamment au regard des conditions réelles du centre pénitentiaire. Sur appel du ministère public, la chambre de l'application des peines devait confirmer la décision.

[16] Crim. 7 janvier 2009, n° 08-83.364, AJ Pénal 2009. 236, obs. M. Giacopelli ; D. 2009 Pan. 1376, obs. M. Herzog-Evans ; Dr. Pénal Comm. 42, obs. A. Maron et M. Haas. Voir aussi Crim. 25 novembre 2009, Bull. n° 197.

Le travail de l'avocat, des proches s'il en reste, du service pénitentiaire d'insertion et de probation consiste à trouver la perle rare, à vrai dire souvent inaccessible : une place en hôpital, en centre de gériatrie, en soins palliatifs, en maison de retraite. En l'absence de ce point de chute, la décision du juge est alors repoussée sans autre fin que celle du condamné.

Et là, la volonté humanitaire du législateur (permettre une fin de vie dans des conditions dignes) se heurte à mille et une raisons (des bonnes, mais aussi beaucoup de mauvaises) qui aboutissent à une fin de vie en détention.

La santé et le ministère public : quel rôle, quelles missions ?

Jean-Christophe MULLER

Magistrat,

Procureur de la république près le tribunal de grande instance de Pau

Les observations que je voudrais faire sur le thème de la journée sont évidemment liées - limitées - à l'expérience qui est la mienne dans un ressort qui ne connaît pas de problématique pénitentiaire aussi préoccupante qu'ailleurs : il n'y a ici qu'un seul établissement pénitentiaire, d'une capacité opérationnelle de 250 places et dont le taux d'occupation, chose plutôt rare, oscille entre 70 et 80 % (pour des raisons strictement immobilières, hélas tirées de l'ancienneté de l'établissement). Les JAP et le SPIP suivent environ 1600 dossiers de probationnaires. Le parquet saisit environ 250 fois par an les juges d'application des peines de situation de détenus ayant des peines aménageables avant mise à exécution. Cette situation, assez éloignée de celle des juridictions travaillant avec de grandes implantations pénitentiaires, est néanmoins celle de la grande majorité des juridictions françaises, et à ce titre plutôt représentative de la manière dont l'institution judiciaire, et singulièrement le ministère public, s'empare de la place de la santé des personnes poursuivies dans la production de la décision pénale.

1. L'évolution des missions du parquet

Le ministère public français, peut-être plus encore que ses homologues étrangers, est devenu au fil du temps une sorte de Frégoli judiciaire, dont on peinerait aujourd'hui à dénombrer les interventions dans des domaines aussi variés que le droit des entreprises en difficultés, la protection des personnes vulnérables, l'état-civil ou encore les multiples politiques partenariales.

Mais son cœur de métier, en matière pénale, reste bien l'exercice de l'action publique et son prolongement direct qui est la mise à exécution des sentences pénales, qu'elles soient ou non privatives de liberté. Et il faut observer que l'exécution des peines doit désormais s'entendre largement, incluant les procédures d'aménagement des peines, ce qui, même dans une juridiction de taille moyenne comme le tribunal de grande instance de Pau, constitue l'attribution nominale de presque un équivalent temps plein de magistrat du parquet.

2. L'évolution vers une conception globale de la santé du détenu (physique et mentale)

La prise en considération de la santé mentale est depuis toujours une donnée de la justice pénale à travers l'évaluation de la responsabilité ou de l'irresponsabilité pénale. On la trouve depuis peu dans le contrôle juridictionnel des mesures d'hospitalisation sous contrainte. On la rencontre également dans le domaine de l'exécution et de l'application des peines, au même titre désormais que la prise en considération de la santé physique.

Cette vision globale de la santé du détenu, somatique et psychique, est une innovation de la loi du 15.08.2014 puisque la suspension de peine pour raison médicale peut intervenir désormais aussi lorsque la santé physique ou mentale, attestée par une seule expertise (au lieu de 2), est durablement incompatible avec le maintien en détention.

3. L'évolution vers une lecture extensive des critères de l'article 720-1 sous l'influence de la jurisprudence CEDH

On connaît les deux critères alternatifs de la suspension de peine pour raison médicale : soit l'existence d'une pathologie engageant le pronostic vital, soit un état de santé physique ou mental durablement incompatible avec le maintien en détention.

Mais la jurisprudence de la Cour de cassation a introduit, avec un fort accent strasbourgeois, un élément qu'il est permis d'interpréter comme nouveau, même si l'arrêt a été rendu en matière de placement sous surveillance électronique. Dans un arrêt de cassation du 25.11.2009 (Cass. Crim. Bull n° 197) la Cour de cassation indique que même en l'absence d'engagement du pronostic vital et même présence d'une expertise selon laquelle l'état d'un détenu, en l'occurrence amputé des 2 bras, ne nécessitait aucun soin, il convenait de vérifier « *si les conditions effectives de détention exposaient le détenu à une détresse ou à une épreuve qui excèderait le niveau inévitable de souffrance inhérent à la détention ».*

C'est donc également sur le terrain de l'article 3 de la CEDH que nous sommes invités à nous situer, avec la nécessité d'effectuer une appréciation *in concreto* des conditions de détention rapportées à la situation personnelle du condamné, avant de décider si elle est compatible avec un placement en détention ou si elle doit conduire à un aménagement de la peine sous une forme ou sous une autre (on pense ici également, même si c'est hors du champ de la santé du condamné, à l'affaire ayant opposé le terroriste BREVIK à la Norvège devant la CEDH tout récemment).

C'est dire la complexité de l'analyse à effectuer par les magistrats pour déterminer, au-delà des critères légaux, ce que la Cour de cassation appelle le « niveau inévitable de souffrance inhérent à la détention », le tout bien sûr sous le regard d'une opinion publique qui reste à l'évidence toujours marquée par la loi d'airain dont parlait Robert Badinter en évoquant le faible seuil d'acceptabilité sociale en matière d'amélioration de la condition pénitentiaire.

Dès lors, pour le magistrat du parquet, praticien de la procédure pénale, deux questions se posent dans toutes les affaires où la détention est à l'ordre du jour, questions élargies qui ne se limitent donc pas au pronostic vital ou à la compatibilité médicale durable avec la détention, mais qui englobent bien celle du niveau inévitable de souffrance inhérent à la détention inspirée de l'article 3 CEDH :

1. la question de la santé du prévenu au moment du débat sur la détention provisoire :

L'exigence d'un contrôle de la compatibilité médicale de l'état d'une personne avec la détention provisoire a été rappelée par la Cour de cassation en 2009 et cette exigence est à rapprocher des autres dispositifs légaux de cantonnement de la détention provisoire (cf. exemples locaux).

2. la question de la santé du détenu dans les procédures d'aménagement des peines :

L'examen des dossiers qui ont été soumis à la juridiction de Pau montre que dès avant l'extension de 2014, une suspension médicale a été ordonnée au motif d'incompatibilité de la détention liée au risque suicidaire, dans un cas ou par ailleurs, la suspension de peine a été supprimée après une nouvelle évaluation médicale de la santé mentale du condamné.

L'activité des JAP et des magistrats du parquet dans les débats contradictoires préalables à l'exécution de la peine montre également que les suspensions pour raisons médicales sont surtout ordonnées avant même l'incarcération, et avec des obligations de contrôle.

Ces 2 questions emportent les mêmes conséquences pour les praticiens :

D'abord pouvoir s'appuyer sur un réseau d'experts ayant une parfaite connaissance des conditions de détention : cela exclut les praticiens des UCSA puisqu'ils sont soignants et ne peuvent à ce titre intervenir comme experts. Il faut donc chercher ailleurs, et la lancinante question de l'attractivité des expertises médico-légales se repose alors immanquablement, sans compter la difficulté qu'il y a parfois pour l'administration pénitentiaire à réaliser des extractions médicales quand l'expert ne peut se déplacer lui-même.

Deuxième conséquence, pour les magistrats (procureur, JLD, JAP et chambre de l'instruction et CHAP des cours d'appel), la nécessité de connaître eux-mêmes, personnellement et parfaitement, les conditions de détention dans les établissements pénitentiaires de leur ressort au moyen des visites et contrôles légaux.

Mais en creux, le sujet emporte aussi - et peut-être surtout - une injonction en direction du législateur et des pouvoirs publics : améliorer, diversifier et accroître le parc pénitentiaire 12 ans après les dernières grandes avancées de 2004 (cad date de création des UHSI, UHSA et aussi des EPM).

Droit aux soins de santé dans le système pénitentiaire brésilien : le rôle du bureau du procureur de la République

Artur de BRITO GUEIROS SOUZA

Professeur de Droit Pénal à l'UERJ (Université d'État de Rio de Janeiro)
Post Docteur de Droit Pénal de l'Université de Coimbra
Procureur Régional de la République au Brésil

1. Introduction : le profil du Ministère Public brésilien

Le Ministère Public brésilien a la particularité d'être un organisme indépendant, n'étant inséré dans aucun des trois pouvoirs de la République - Exécutif, Législatif ou Judiciaire. Il dispose d'une autonomie dans la structure de l'État brésilien et ne peut pas être supprimé ou ses attributions ne peuvent pas être transférées à une autre institution. Les principales fonctions du Ministère Public comprennent l'enquête criminelle et la proposition d'ouverture de procédure pénale auprès du Pouvoir Judiciaire, ainsi que les activités de surveillance du respect de la Constitution et des lois du Pays. Il assure le contrôle externe de l'activité policière, défend le patrimoine national et les intérêts sociaux et individuels indisponibles, émet des recommandations à d'autres organismes d'État, suggérant l'amélioration des services publics, y compris les services pénitentiaires[1].

Ce profil du Ministère Public a été redéfini après la démocratisation du Pays, plus spécifiquement avec la promulgation de la Constitution de la République Fédérative du Brésil de 1988 (CRFB/1988). Avant cette date historique, le Ministère Public était lié, en lignes générales, au Pouvoir Exécutif brésilien. Avec la nouvelle configuration, il a commencé à agir de manière plus intensive dans la défense judiciaire et extrajudiciaire des intérêts de la Société, en

---

[1] Cf. http://www.brasil.gov.br/governo/2010/01/ministerio-publico, consulté en mai 2016. Dans la même veine : http://www.mpu.mp.br/navegacao/institucional/duvidas, consulté en mai 2016.

acquérant, comme cela a déjà été dit, le statut d'institution indépendante et essentielle pour la réalisation de la justice, dans ses plus divers aspects. En ce sens, l'article 127 de la CRFB/1988 dispose : «Le Ministère Public est une Institution permanente, essentielle à la fonction juridictionnelle de l'État, à qui il revient de défendre l'ordre juridique, le régime démocratique et les intérêts sociaux et individuels indisponibles».

Le Ministère Public brésilien comprend, d'une part, le Ministère Public de l'Union, subdivisé dans le Ministère Public Fédéral, le Ministère Public du Travail, le Ministère Public Militaire et le Ministère Public du District Fédéral, et d'autre part, le Ministère Public des États. D'une manière simplifiée, à l'exception des branches du Ministère Public ayant des fonctions spécifiques, on peut identifier deux grands volets de l'Institution : 1) le Ministère Public Fédéral (ou Bureau du Procureur de la République) ; et 2) le Ministère Public des États de la Fédération du Brésil. Au premier, parmi d'autres attributions, il revient la promotion des procédures pénales de la compétence de la Justice Fédérale et le suivi de l'exécution des peines d'emprisonnement dans des établissements pénitentiaires fédéraux ; et au second, la promotion des procédures pénales de la compétence de la Justice des États de la Fédération du Brésil et le suivi de l'exécution des peines d'emprisonnement dans des établissements pénitentiaires étatiques.

Il est possible, d'autre part, que le Ministère Public Fédéral et ceux des États agissent conjointement dans la défense des intérêts sociaux ou collectifs et de l'environnement. Dans la sphère pénale et pénitentiaire, cependant, les actions sont généralement séparées, c'est-à-dire, le Ministère Public Fédéral prend en charge les cas d'infractions pénales et l'application des sanctions respectives de la compétence de la Justice Fédérale, tandis que le Ministère Public des États prennent en charge les procédures pénales des infractions relevant de la compétence de la Justice des États du Brésil, ladite Justice Commune. Néanmoins, dans une décision récente approuvée par la 7ème chambre de Coordination et d'Examen du Ministère Public Fédéral (MPF), il dispose maintenant de la mission d'agir pour la protection collective des droits dans les prisons des États, en présence de détenus mis à disposition de la Justice Fédérale, de détenus indigènes ou quand il existe une discussion concernant l'application de fonds financiers d'origine fédérale dans les prisons étatiques[2].

Nous conclurons cette partie en affirmant que le Ministère Public des États à un rôle plus important en ce qui concerne le suivi des exécutions pénales auprès de la Justice des États. Ceci parce que la presque totalité des établissements pénitentiaires est administrée par les gouvernements des États de la Fédération (1.420 prisons), alors qu'il n'y a que quatre prisons administrées par le gouvernement fédéral. Cependant, on ne peut pas oublier le rôle tout aussi important du Ministère Public Fédéral (Bureau du Procureur de la République) dans ce domaine, comme on le verra ci-dessous[3].

2. Vision générale du système pénitentiaire brésilien

Le Brésil a la quatrième plus grande population carcérale mondiale. Selon les données officielles les plus récentes, à savoir, celles divulguées en juillet 2015, par le Département Pénitentiaire du Ministère de la Justice, grâce à l'étude réalisée par le Système Brésilien d'Informations Statistiques Pénitentiaires (INFOPEN) relative au premier semestre de 2014, en valeurs absolues, le Brésil a atteint un total de 607.731 détenus, juste derrière la Russie (673 .800), la Chine (1,6 million) et les États-Unis (2,2 millions)[4]. Quand on compare le nombre de détenus avec la population totale, le Brésil (qui a environ 209 millions d'habitants) est également à la quatrième place, derrière la Thaïlande, la Russie et les États-Unis, respectivement. Selon, de plus, le Ministère de la Justice du Brésil, si le taux d'emprisonnement

---

[2] Cf. Procédure Administrative n° 1.00.000.001727/2016-24, approuvée au cours de la 10ème Séance Extraordinaire de la 7e Câmara de Coordenação do MPF, le 19/04/2016.

[3] Cf. Résumé n° 192 de la Cour Supérieure de Justice [Superior Tribunal de Justiça] : « Il revient au Tribunal des Exécutions Pénales de l'État de mettre en exécution les peines imposées aux condamnés par la Justice Fédérale, Militaire ou Électorale quand ils sont emprisonnés dans des établissements soumis à l'administration étatique ».

[4] Cf. INFOPEN: Rapport de 2015. *In* www.mj.gov.br/depen, consulté en mai 2016. Cependant, selon rapporté par le Journal O Globo, en un an (2015), la population carcérale du Brésil a augmenté de 40.695 détenus, étant actuellement estimé à 622.202 prisonniers. Le déficit de l'espace physique serait de l'ordre de 250.000 (Cf. MARIS, Renata. *Cerca de 40 % dos presos não têm sentença definitiva.* Journal O Globo, édition du 27/4/2016).

continue sur ce rythme, un brésilien sur 10 sera emprisonné en 2075[5].

En outre, selon les données de l'INFOPEN de 2015, entre 2004 et 2014, la population carcérale brésilienne a augmenté de 80 % en valeur absolue, passant de 336.400 détenus à 607.731, bien plus que l'augmentation de la population brésilienne en général[6]. L'analyse des données recueillies par l'INFOPEN en 2015 permet d'établir un ample diagnostic de la gravité de la situation carcérale au Brésil : 1) la croissance accélérée de la population carcérale brésilienne, qui va dans le sens « opposé » à celui de la trajectoire des autres pays avec le plus grand nombre de détenus au monde ; 2) la présence de détenus condamnés dans la grande majorité des établissements destinés à des détenus provisoires (84 %) et le taux d'occupation alarmant de ces unités (une moyenne de 1,9 détenu par place disponible) ; 3) l'information que la plupart des prisonniers provisoires sont détenus plus longtemps que la durée raisonnable du procès (60 % sont en garde à vue pendant plus de 90 jours) ; 4) la situation de surpopulation extrême dans des dizaines d'établissements pénitentiaires, qui abritent quatre détenus ou plus par place disponible (63 unités)[7].

Si l'on fait le compte du nombre de détenus divisé par la population en général, c'est-à-dire, le « taux de détention », le nombre croissant de détenus par groupe de 100.000 habitants entre 2004 et 2014 a augmenté de 61,8 %. En 2004, le Brésil avait 185,2 détenus pour 100.000 habitants. En 2014, selon l'INFOPEN, le Pays était passé à 299,7 détenus pour chaque groupe de 100.000 habitants. Le nombre de détenus est considérablement supérieur à celui des presque 377.000 places disponibles dans le système pénitentiaire, totalisant un déficit total de 213.062 places disponibles et un taux d'occupation moyen des établissements de 161 %. Cela signifie que,

---

[5] Cf. http://noticias.uol.com.br/cotidiano/ultimas-noticiais/2015/06/23/prisoes-aumentam-e-brasil-tem-4-maior-populaçāo-carceraria-do-mundo.htm, consulté en mai 2016. Il convient de noter que, depuis 2008, les États-Unis, la Chine, et en particulier, la Russie, seraient en train de voir leur taux d'incarcération se réduire, tandis que le Brésil voit son rythme s'accélérer. Si ce rythme se maintient, en 2022, la population pénitentiaire au Brésil dépassera le total d'un million d'individus (*Ibid*).

[6] En 2004, la population du Brésil était d'environ 194 millions d'habitants et en 2014, d'environ 202 millions.

[7] Cf. INFOPEN : Rapport de 2015, *op. cit.*

dans un espace conçu pour abriter 10 personnes, il y a environ 16 individus incarcérés. Selon le Rapport de l'INFOPEN de 2015, tous les États brésiliens affichent une surpopulation. L'État avec le taux le plus élevé de surpopulation est le Pernambuco. Dans cet État, une unité prévue pour abriter 100 personnes est occupée en moyenne par 266 personnes. L'État avec le taux le plus bas de surpopulation est le Maranhao, où une unité prévue pour abriter 100 personnes est occupée par 121.

Parmi les causes de la détention, le trafic de drogues illicites est la plus courante. Selon l'étude de l'INFOPEN de 2015, 27 % des personnes arrêtées au Brésil le sont en raison du trafic de stupéfiants. La deuxième place du classement des infractions pénales est occupée par le crime de vol. Cette étude montre, cependant, que l'incidence du trafic de drogue est différente entre les hommes et les femmes. Chez les hommes, 25 % ont été arrêtés pour trafic, tandis que chez les femmes, ce pourcentage monte à 63 %. Le Brésil affiche également, entre les pays comparés dans le rapport de l'INFOPEN de 2015, le cinquième plus grand taux de détenus sans condamnation. Sur le total des personnes privées de liberté au Brésil, environ quatre sur dix (41 %), seraient incarcérées sans avoir été jugées[8].

Un des facteurs qui peut être désigné comme étant responsable de la surpopulation est la violation des droits du détenu. Les droits des détenus sont régis par la loi n° 7.210/1984 - connu sous le nom de Loi d'Exécution Pénale. En ce sens, Sandra Carvalho souligne que : « La loi d'Exécution Pénale (LEP) brésilienne est louée dans le monde entier, et représente l'un des plus pas en avant juridique de notre histoire. Le grand défi des associations de la société civile qui développent leurs activités dans ce domaine a toujours été de combler le

[8] Cf. INFOPEN : Rapport de 2015. *Op., cit.* Bien que le nombre de personnes qui sont privées de liberté soit trop grand, il est vrai que celui-ci pourrait être encore plus élevé. Ceci parce que il existe, seulement dans l'état de Rio de Janeiro, plus de 130.000 mandats d'arrêt à être exécutés, expédiés par la Justice Étatique, et 367 expédiés par la Justice Fédérale, étant donné que 10.000 d'entre eux ont déjà plus de vingt ans et n'ont pas encore été exécutés. Selon le Conseil National de Justice, plusieurs milliers d'autres devront prescrire dans un bref délai au Brésil (Cf. Journal O Globo, édition du 2/5/2016).

fossé entre le cadre juridique et le panorama réel du système pénitentiaire »[9].

Selon un auteur, un autre point qui contribue, de manière significative, à la surpopulation se réfère à la question des détenus qui ont purgé leur peine et ne sont pas remis en liberté, ainsi qu'au grand nombre de détenus provisoires qui se trouvent dans les prisons conjointement avec les condamnés. La lenteur de la justice - continue l'auteur - finit souvent par participer au maintien du nombre élevé de détenus, étant donné qu'en raison du temps pris pour rendre les jugements, beaucoup de détenus provisoires finissent par rester plus longtemps en prison qu'ils ne le resteraient s'ils étaient condamnés à la peine maximale requise pour l'infraction pénale commise[10].

En plus du fait que les rébellions et la pratique de la violence soient récurrentes chez les détenus, la surpopulation engendre également d'autres conséquences graves pour notre système pénitentiaire. En général, ces conséquences se traduisent par des conditions d'hygiène précaires et mauvaises, sans parler du suivi médical pratiquement inexistant, comme nous le verrons par la suite[11].

3. Droits des détenus au Brésil

Les droits généraux du détenu dans l'exécution pénale peuvent être extraits du droit juridique supranational et national. Dans le cadre supranational, les Règles Minimales pour le Traitement de Détenus, adoptées par le 1er Congrès des Nations Unies sur la Prévention du Crime et le Traitement des Délinquants tenu à Genève/Suisse en 1955, et approuvées par le Conseil Économique et Social des Nations Unies, par l'intermédiaire de ses Résolutions 663 C I (XXIV) du 31 juillet 1957 et n° 2076 (LXII) du 13 mai 1977, prévalent.

---

[9] CARVALHO Sandra. *Relatório anual do Centro de Justiça Global Direitos do Homem no Brasil. In* www.ambito-juridico.com.br, consulté en mai 2015.

[10] *Ibid.*

[11] Dans ce contexte, le Ministère de la Justice, par l'intermédiaire du Département Pénitentiaire National (DEPEN) , propose une politique nationale visant à améliorer les services criminels, dans quatre grands axes : 1) augmentation des alternatives pénales et gestion de problèmes liés à l'hyper-incarcération ; 2) appui à la gestion des services pénaux et réduction du déficit carcéral ; 3) humanisation des conditions carcérales et intégration sociale ; et 4) modernisation du système pénitentiaire national (Cf. INFOPEN : Rapport de 2015, *op. cit.*).

Le 25 mai 1984, au moyen de la Résolution 1984/47, le Conseil Économique et Social des Nations Unies a approuvé treize procédures pour la mise en œuvre effective des Règles Minimales[12].

Parmi les différents droits de la personne incarcérée, provisoirement ou définitivement, les Règles Minimales des Nations Unies traitent des : 1. Registre officiel de chaque détenu ; 2. Séparation de détenus par catégories ; 3. Lieux destinés au détenu ; 4. Hygiène personnelle ; 5. Vêtements, lits et literie ; 6. Alimentation ; 7. Exercices physiques ; 8. Services médicaux et dentaires ; 9. Discipline et sanctions ; 10. Instruments de coercition ; 11. Information et droit de plainte du détenu ; 12. Contact avec le monde extérieur ; 13. Accès à la bibliothèque ; 14. Religion ; 15. Dépôt d'objets appartenant au détenu. 16. Notification de décès, de maladies et de transfert ; 17. Personnel pénitentiaire ; etc. [13] .

Au niveau national, les droits du détenu sont cités aussi bien dans la Constitution de la République de 1988, que dans le Code Pénal, dans le Code de Procédure Pénale et, en particulier, dans la Loi d'Exécution Pénale, en plus de la réglementation spécifique de chaque État de la Fédération. La Constitution de 1988 prévoit, dans son article 5, une liste de droits et de devoirs fondamentaux des Brésiliens et des étrangers résidents au Brésil, en mettant en avant, parmi ceux-ci : « personne ne sera soumis à la torture ni à des traitements inhumains ou dégradants » (inc . III) ; « la loi punira toute discrimination à l'encontre des droits et des libertés fondamentaux » (inc. XLI) ; « Aucune peine ne peut affecter d'autres personnes que le condamné » (inc. XLV) ; « Il n'y aura pas de peines : a) de mort, sauf en cas de guerre déclarée ; b) de caractère perpétuel ; c) de travaux forcés ; d) de bannissement ; e) cruels » (inc. XLVII) ; « la peine sera purgée dans des établissements distincts, selon la nature du délit, l'âge et le sexe du condamné » (inc. XLVIII) ; " il est assuré aux détenus le respect de leur intégrité physique et morale » (inc. XLIX) ; « Les détenues bénéficieront des conditions nécessaires afin qu'elles puissent rester avec leurs enfants pendant la période d'allaitement» (inc.

---

[12] Cf. http://www.dhnet.org.br/direitos/sip/onu/fpena/lex52.htm, consulté en mai 2016.

[13] *Ibid.* Dans le sens du texte : FRAGOSO Heleno Cláudio. *Direito dos presos.* Forense : Rio, p. 17.

L) ; « personne ne sera poursuivi ni condamné, à moins que cela ne le soit par l'autorité compétente" (inc. LIII) ; « personne ne sera privé de sa liberté ou de ses biens sans que soit réalisée une procédure légale » (inc. LIV); « personne ne sera considéré coupable jusqu'à ce que la condamnation pénale définitive et sans appel soit décrétée » (inc. LVII); « Personne ne sera arrêté, sauf en cas de flagrant délit ou sur ordre écrit et motivé d'une autorité judiciaire compétente, sauf dans les cas de transgression militaire ou de crime spécifiquement militaire, définis par la loi » (inc. LXI); « l'arrestation de toute personne et l'endroit où elle se trouve seront immédiatement communiqués au juge compétent et à la famille du détenu ou à la personne qu'il indiquera » (LXII) ; « Le détenu sera informé de ses droits, parmi lesquels celui de garder le silence, lui étant assuré l'assistance de la famille et d'un avocat» (inc. LXIII), « le détenu a droit à l'identification des personnes responsables de son arrestation ou de son interrogatoire par la police "(inc. LXIV); « l'arrestation illégale devra être immédiatement révolue par l'autorité judiciaire" (inc. LXV); et « personne ne sera mené en prison ou là maintenu quand la loi admet la liberté provisoire avec ou sans caution » (inc. LXVI).

Le Code Pénal, avec sa Partie Générale modifiée par la loi n° 7.209/1984, traite des droits des détenus dans divers dispositifs, en particulier à partir de son article 32. Il convient de noter l'article 38 de cette loi, qui a la rédaction suivante : « Le détenu conservera tous les droits non touchés par perte de la liberté, étant imposé à toutes les autorités le respect de son intégrité physique et morale ».

La Loi d'Exécution Pénale (Loi nº 7.210/1984) spécifie les droits et devoirs du détenu, établissant des critères pour la détermination, l'abrogation et la progression des régimes pénitentiaires. La Loi d'Exécution Pénale prévoit, de plus, les infractions disciplinaires et les sanctions correspondantes. Il faut souligner, par conséquent, dans cette loi, l'art. 41, qui comprend les droits du détenu suivants : I - alimentation suffisante et vêtements ; II - attribution d'un travail et sa rémunération ; III - Sécurité Sociale ; IV - constitution de rente ; V - proportionnalité dans la distribution du temps de travail, de repos et de récréation ; VI - exercice des activités professionnelles, intellectuelles, artistiques et sportives antérieures, à condition qu'elles soient compatibles avec l'exécution de la peine ; VII - assistance matérielle, à la santé, juridique, éducative, sociale et religieuse ; VIII - protection contre toute forme de sensationnalisme ; IX - entretien personnel et réservé avec l'avocat ; X - visite du conjoint, du compagnon, de parents et d'amis selon des jours donnés ; XI - appel nominal ; XII - égalité de traitement sauf pour les besoins de l'individualisation de la peine ; XIII - audience spéciale avec le directeur de l'établissement ; XIV - représentation et requête à toute autorité en défense du droit ; XV - Contact avec le monde extérieur à travers la correspondance écrite, la lecture et d' autres moyens qui ne compromettent pas les mœurs et les bonnes manières; XVI - certificat de la peine à purger, émis annuellement, sous peine de mettre jeu la responsabilité l'autorité judiciaire compétente.

4. La question du droit d'accès du détenu aux soins de santé

Tout d'abord, il convient de noter que le droit aux soins de santé de la population générale est explicitement prévu par l'article 196 de la Constitution de la République de 1988[14]. Il s'agit d'une récurrence logique et directe du principe de la dignité de la personne humaine énoncé par l'article 1, alinéa III, de cette loi constitutionnelle[15]. En ce sens, indépendamment du fait qu'ils soient des hommes ou des femmes, brésiliens ou étrangers, etc., on ne peut refuser aux détenus l'accès à une vie saine. D'ailleurs, le Code Pénal, dans son article 38, *caput*, ci-dessus mentionné, et la Loi d'Exécution Pénale, dans son article 3, *caput*,[16] soulignent que les droits non touchés par la sentence pénale de condamnation ou par la législation en général, doivent être garantis aux individus privés de liberté.

Toujours sur le plan réglementaire, la Loi d'Exécution Pénale prévoit, dans plusieurs passages, que l'État devra prêter son aide au détenu et à l'interné (c'est-à-dire, à celui qui se trouve dans un asile psychiatrique judiciaire), se concentrant principalement sur les soins

---

[14] Cf. « La santé est le droit de chacun et le devoir de l'État, garanti au moyen de politiques sociales et économiques visant à réduire le risque de maladies et d'autres problèmes de santé et à l'accès universel et égalitaire aux actions et aux services pour sa promotion, protection et récupération ».

[15] Cf. « La République Fédérative du Brésil, formée par l'union indissoluble des États et des Municipalités et du District Fédéral, est un État Démocratique de Droit et a comme fondements : (...) La dignité de la personne humaine ».

[16] Cf. « tous les droits non affectés par la sentence ou par la Loi seront assurés au condamné et à l'interné. Il n'y aura aucune discrimination de nature raciale, sociale, religieuse ou politique ».

de santé[17]. Ainsi, on peut dire que le système juridique brésilien, dans le sillage des dispositions de nature supranationale, pour faire face à la question carcérale, a pris soin de veiller à ce que l'incarcération, pour plus défavorable que soit la prison, ne conduise pas à la violation des droits fondamentaux de l'être humain, en particulier le droit à l'accès aux soins de santé. Ces droits, naturellement, s'appliquent non seulement aux détenus déjà définitivement condamnés, mais aussi aux détenus provisoires, c'est-à-dire, ceux privés de liberté sans décision condamnatoire finale. En un mot, l'ensemble des dispositions légales en vigueur au Brésil permettent d'affirmer que l'individu détenu ne doit pas voir son statut de citoyen diminué par le fait d'être incarcéré dans un établissement pénitentiaire.

Cependant, c'est précisément dans cette question - l'accès du détenu à la santé - que l'on constate la disparité entre le texte constitutionnel ou juridique et la réalité des faits dans notre quotidien carcéral. En effet, on remarque bien souvent des violations flagrantes de ce droit, comme conséquence de la grave crise pénitentiaire au Brésil, et le constat de la surpopulation carcérale et de l'état d'insalubrité et de violation systématique des droits des détenus dans tous les États du Pays. Par ailleurs, Lizandra Pereira Demarchi souligne : « ce que l'on observe est que les maisons de détention se sont transformées dans des « dépôts de gens ». On ne voit aucune préoccupation envers la personne. Peut-être parce qu'il y a longtemps qu'on a commencé à la traiter comme une « chose », qui n'avait pas besoin de garanties, car elle n'était même plus considérée comme étant « humaine » »[18].

---

[17] En ce sens, les dispositifs suivants de la LEP, Article 10 : « L'assistance au détenu et a l'interné est le devoir de l'État, visant à prévenir le crime et à organiser le retour à la cohabitation dans la société » ; Article 11 « L'assistance sera : (...) II - à la santé » ; Article 14 : « Les soins de santé du détenu et de l'interné de caractère préventif et curatif, comprendront l'assistance médicale, pharmaceutique et dentaire ».

[18] DEMARCHI, Lizandra Pereira. *Os direitos fundamentais do cidadão preso. Uma questão de dignidade e de responsabilidade social. In* http://www.lfg.com.br, consulté en mai 2016. De même, Romualdo Flávio Dropa met en avant : « Après la vie, le plus important bien humain est sa liberté. Ensuite, vient la dignité. Malheureusement, la dignité n'est pas quelque chose qui se voit fréquemment dans nos prisons. Beaucoup de prisons n'ont pas à offrir à leurs détenus plus que des conditions sous-humaines, ce qui est une violation des droits de l'homme. La réalité est que les détenus dans notre pays sont maltraités, humiliés et méprisés dans leur dignité, faisant qu'il y ait peu d'espoir de réhabilitation justement à cause de cette ambiance hostile qui existe une

Sur le sujet, il est intéressant d'inclure dans le débat la pensée de Carlos Eduardo Adriano Japiassú - peut-être le plus grand expert sur la question pénitentiaire au Brésil. Selon l'auteur, « il y a aujourd'hui, comme cela ne s'est jamais produit auparavant, un ensemble de règles qui protègent les droits des détenus, issues de textes internationaux, de la Constitution Fédérale, de la législation Pénale et de l'exécution pénale. Cet ensemble de réglementations, cependant, n'a pas encore été en mesure de modifier la réalité pénitentiaire »[19]. Selon, également, Carlos Eduardo A. Japiassú, la liste des problèmes des prisons brésiliennes est loin d'être courte, les plus graves que l'on y rencontre sont : 1) la surpopulation pénitentiaire ; 2) la culture de l'autoritarisme ; 3) la violence systémique ; 4) le manque de conditions d'hygiène, et 4) l'offre insuffisante de travail et d'études[20].

Il convient de noter un aspect particulièrement grave impliquant la précarité de la santé associée à la généralisation de la violence intra-muros. En effet, il y a un grand nombre de suicides, d'homicides et de morts parmi les détenus (cf. données du Rapport de l'INFOPEN de 2015). Selon les statistiques officielles de ce rapport, 565 morts ont été enregistrées dans les prisons au premier semestre 2014 - et ceci sans prendre en compte les chiffres des deux plus grands États du Brésil, à savoir, São Paulo et Rio de Janeiro, respectivement, dont les gouvernements se refusent à communiquer des données de cette nature. Dans ces statistiques, les morts violentes intentionnelles représentent environ la moitié du total. Toujours selon le rapport de l'INFOPEN, même les morts « pour causes naturelles » auraient besoin d'être analysées avec prudence, compte tenu de la raison évidente qu'il s'agit d'individus qui étaient sous la garde de l'État et duquel ils dépendaient pour obtenir une prise en charge médicale et hospitalière. Il faut ajouter, en outre, que dans le Rapport de l'INFOPEN 2015 il existe une mention sur le fait que, dans notre système pénitentiaire, on enregistre, annuellement, 167,5 morts

---

fois que l'on a franchi les portes de la prison ». (DROPA, Romualdo Flávio. *Direitos Humanos no Brasil : a exclusão dos presos. In* http://www.advogado.adv.br/artigos/2003, consulté en mai 2016).

[19] JAPIASSÚ, Carlos Eduardo Adriano. *Os desafions contemporâneos da execução penal no Brasil. In* Revista Eletrônica de Direito Penal. Ano 1. n° 1. *In* http://www.e-publicacoes.uerj.br/index.php/redpenal, consulté en mai 2016.

[20] *Ibid.*

intentionnelles pour 100.000 personnes privées de liberté, un taux six fois plus élevé que celui des crimes mortels intentionnels hors des prisons brésiliennes[21]. De même, le Rapport du Conseil National du Ministère Public, relatif également à l'année 2014, enregistre des chiffres alarmants en ce qui concerne le nombre de suicides (83 cas), d'homicides (110) et de morts pour des raisons diverses (769), survenus au cours de cette année dans les prisons du pays[22].

De plus, il faut mentionner le nombre alarmant de détenus malades, ainsi que la « vitesse » à laquelle les maladies prolifèrent dans nos prisons. En raison de la surpopulation carcérale, ainsi que des conditions précaires et insalubres de la plupart des établissements correctionnels, l'ambiance est propice à la propagation d'épidémies et à la contagion de maladies des plus diverses. Ces facteurs (chroniques) alliés, de plus, à la mauvaise qualité de l'alimentation et des vêtements des détenus, la vie sédentaire d'une grande partie du collectif incarcéré, l'usage et l'abus de drogues légales (par exemple, le tabac et l'alcool) ou illicites (la marijuana, la cocaïne, l'héroïne, etc.), en plus d'autres circonstances défavorables, font qu'un individu (homme ou femme) qui est entré dans un établissement pénitentiaire brésilien en bonne santé, ne peut pas en sortir sans être frappé d'une maladie ou, du moins, avec sa santé fragilisée[23].

Selon le Rapport Final de la Commission Parlementaire d'Enquête, de la Chambre des Députés, sur le système pénitentiaire du Brésil, les détenus souffrent des maladies les plus variées à l'intérieur de la prison. Les plus communes seraient les maladies du système respiratoire telles que la tuberculose et la pneumonie. Les taux d'hépatite élevés et de maladies sexuellement transmissibles, en particulier le SIDA, seraient également élevés. Tel qu'indiqué dans ce Rapport, on estime qu'environ 20 % des détenus brésiliens seraient séropositifs, principalement en raison de l'homosexualité, de la vio-

---

[21] Cf. INFOPEN : Rapport de 2015, *op. cit.*

[22] Conselho Nacional do Ministério Público. *A visão do Ministério Público sobre o Sistema Penitenciário Brasileiro. In* *http://www.cnmp.mp.br/portal_2015/images/stories/Destaques/Publicacoes/Sistema%20Prisional_web_final. PDF*, consulté en mai 2016.

[23] *Ibid.*

lence sexuelle pratiquée par d'autres détenus et par la consommation de drogues[24].

La gravité de la question sanitaire des détenus brésiliens exige une réforme urgente dans le domaine politique et pratique de notre système pénitentiaire. La recherche d'alternatives est nécessaire pour surmonter ou minimiser les effets délétères du degré actuel de manque d'assistance médicale, résultant, comme on l'a vu, de la situation de surpopulation carcérale et des conditions insalubres de la plupart de nos prisons. Parmi les acteurs qui se proposent de faire face à cette situation grave, il faut citer l'action du Bureau du Procureur de la République dans le cadre du renversement de cette véritable « honte nationale ».

5. Le rôle du Bureau du Procureur de la République dans l'accès de la population pénitentiaire aux soins de santé

Le Gouvernement Fédéral Brésilien, par l'intermédiaire du ministère de la Justice, a divulgué en 2015, un catalogue de mesures visant à améliorer les conditions dans les prisons brésiliennes. Dans ce document, on y indique plusieurs mesures prises pour améliorer la santé carcérale et des politiques spéciales d'attention aux femmes privées de leur liberté[25]. Dans ce contexte, le programme dénommé Politique Nationale d'Attention Intégrale à la Santé des Personnes Privées de Liberté dans le Système Pénitentiaire brésilien a été développé en 2014, dans l'objectif d'effectuer un paiement différencié pour les professionnels de la santé impliqués dans la prise en charge de ce groupe individus[26].

---

[24] Câmara dos Deputados. *CPI [Commission Parlementaire d'Enquête] do Sistema Penitenciário. In* http://bd.camara.gov.br, consulté en mai 2016. Le Rapport Final de ladite Commission Parlementaire d'Enquête a également montré que 80 % des détenus au Brésil n'exercent aucune activité professionnelle. De plus, il existerait des récits de détenus selon lesquels la surpopulation est tellement grande que de nombreux détenus doivent s'arracher aux barres de leur cellule afin d'avoir un peu d'espace pour dormir. On a même enregistré un cas choquant de détenus dans une prison dans l'État de Minas Gerais, qui avaient des démangeaisons et qui ont été "traités" avec du créosote (*Ibid*).

[25] Ministério da Justiça. Anuário de ações do Departamento Penitenciário Nacional. *In http://www.justica. goc.br/seus-direitos/politica-penal/politicas-2/saude-no-sistema-prisional/saude*, consulté en mai 2016.

[26] *Ibid.*

Dans le cadre de ce programme gouvernemental, un budget du Fonds National de la Santé a été mis à disposition afin d'équiper les équipes des unités de base de santé qui travaillent dans les prisons. On recherche, au moyen de cette initiative, à améliorer les soins de santé et les conditions générales de santé des établissements pénitentiaires. Pour de meilleurs soins aux femmes incarcérées, le Gouvernement Fédéral a créé ce le programme d'Attention destiné aux femmes. Cette mesure vise à améliorer l'architecture des prisons féminines, sensibiliser les personnes sur la santé de la femme et améliorer les centres destinés à ses soins médicaux.

On constate, au moyen de ces initiatives publiques et d'autres encore, les efforts faits visant à éliminer le grave manque d'accès à la santé dont souffre notre population carcérale. Cependant, malgré l'existence de propositions, de programmes ou de politiques de la part du Gouvernement Fédéral ou même des gouvernements des États en ce qui concerne la question pénitentiaire, il existe une grande « barrière » entre l'élaboration de ces mesures et leur mise en pratique. En d'autres termes, le Pays compte sur de bons et importants projets, mais il existe des obstacles bureaucratiques qui empêchent la libération d'argent ou de fonds publics pour que les projets d'amélioration puissent être mis en pratique, entravant ainsi l'élimination de la grave situation dans laquelle les soins de santé se trouvent dans nos prisons.

Dans ce contexte, il convient de noter le travail du Bureau du Procureur de la République, principalement par l'intermédiaire de la 7e Chambre de Coordination et de Révision, qui se dédie à résoudre les questions relatives au système pénitentiaire national. En effet, le Bureau du Procureur de la République recherche des moyens judiciaires et extrajudiciaires pour accélérer la libération de budgets qui sont actuellement dans les mains du Fonds Pénitentiaire National (FUNPEN), pour qu'ils soient libérés en faveur de ces programmes, dans l'objectif, tel que déjà dit, d'en terminer une bonne foi pour toutes avec cette situation désastreuse des prisons brésiliennes[27].

Le Bureau du Procureur de la République, au moyen d'un Groupe de Travail sur le FUNPEN, cherche à débloquer des fonds pour que ceux-ci soient appliqués dans les prisons fédérales et des États. De plus, le Groupe de Travail du Bureau du Procureur de la République a dénoncé la « faillite » du système pénitentiaire brésilien, traçant un diagnostic et une cartographie des fonds du FUNPEN, dans le but de les appliquer dans l'amélioration de l'accès aux soins de santé aux détenus au Brésil, en mettant en avant enfin, les graves conséquences résultant de la non-libération de cette somme d'argent[28]. De plus, face à la constatation du reversement de fonds de la part des autorités étatiques, à l'organisme de gestion du FUNPEN, par le fait que les améliorations nécessaires dans les établissements pénitentiaires étatiques n'ont pas été faites, ce Groupe de Travail a décidé d'émettre des recommandations pour que des procédures soient engagées contre les responsables des reversements sans motif clair d'argent au FUNPEN, étant donné qu'une telle situation, en particulier quand elle a tout à voir avec la gravité du problème carcéral brésilien, pourrait être considérée comme étant un acte de mauvaise conduite administrative[29].

Il convient également de noter que la libération et l'application effective des fonds représentent un pas important vers l'amélioration des conditions de vie dans les prisons brésiliennes, en particulier en ce qui concerne le droit à l'accès aux soins de santé des détenus, d'autres mesures peuvent et doivent être adoptées pour remédier à la situation actuelle de la violation systématique des droits des déte-

---

[27] Il faut comprendre que les fonds du FUNPEN trouvent leur origine dans le paiement des amendes et dans les biens confisqués en vertu de condamnation pénale. Conformément à l'article 2, alinéa IV de la Loi Complémentaire n° 79/1994, le FUNPEN a comme objectif, entre autres fonctions, de financer et de soutenir les activités et les programmes de modernisation et d'amélioration du Système Pénitentiaire Brésilien (Cf. SOUZA Artur de Brito Gueiros ; JAPIASSÚ, Carlos Eduardo A. *Curso de Direito Penal. Parte Geral.* 2e éd. Rio : Forense, 2015, p. 614).

[28] Cf. Relatório do Grupo de Trabalho sobre o Fundo Penitenciário (FUNPEN), organisé par les Procureurs de la République Cibele Benevides Guedes da Fonseca, Elisandra de Oliveira Olímpio et Eloisa Helena Machado. 7a Câmara de Coordenação e Revisão do Ministério Público Federal. Brasília-DF, mai 2015.

[29] *Ibid.*

nus. En ce sens, il est nécessaire de lutter contre le grave problème de la surpopulation carcérale au Brésil, ainsi que les problèmes qui en découlent. Discourant sur ce thème, Carlos Eduardo Adriano Japiassú propose une série de mesures pour résoudre ou atténuer les problèmes des prisons au Brésil. Il s'agit de : 1) l'internationalisation de la question, en la communiquant aux forums internationaux de protection des droits de l'homme ; 2) la professionnalisation du personnel chargé de la prestation de services pénitentiaires, ainsi que l'assistance juridique aux détenus de tout le Pays ; 3) la mise en place de technologies modernes en tant qu'alternatives à l'incarcération ou à la diminution de la durée de séjour des personnes privées de liberté dans des établissements de haute sécurité, comme cela se passe avec l'utilisation des dispositifs de surveillance électronique, aussi bien dans le système *front-door*, que dans le système *back-door.*[30].

Il est vrai, cependant, que même l'adoption de nouvelles stratégies pour aborder la question à l'étude demande, elle aussi, la disponibilité de fonds financiers. Par exemple, la professionnalisation et l'adoption de technologies telles que la surveillance électronique demandent la création de plus d'emplois dans la fonction publique - et avec de bons salaires - ainsi que l'acquisition et le maintien d'un nombre suffisant de bracelets électroniques pour les condamnés en général.

Nous conclurons ce bref essai, en soulignant la gravité de la situation pénitentiaire au Brésil, en raison de la surpopulation carcérale et d'une augmentation continue du taux d'incarcération. Cet état de choses résulte, parmi d'autres conséquences négatives, dans la détérioration de la santé des citoyens incarcérés, ainsi que dans le mépris du droit d'accès aux soins médicaux par le collectif qui est incarcéré sous l'égide de l'État. Cependant, cette situation n'est pas immuable. Autrement dit, on pense qu'avec des initiatives telles que les mesures du Bureau du Procureur de la République dans le sens du déblocage de fonds pour des investissements et l'amélioration de nos prisons, il est possible d'inverser cette situation défavorable. Sans aucun doute, avec un traitement décent donné au détenu, les chances d'obtenir une future réhabilitation seront plus grandes, évitant ainsi, la récidive criminelle.

---

[30] Cf. JAPIASSU Carlos Eduardo Adriano. *Op. cit.*

Le contrôle non juridictionnel du respect du droit à la santé

Adeline HAZAN

Contrôleure générale des lieux de privation de liberté

Le Contrôleur général des lieux de privation de liberté (CGLPL) est une autorité indépendante créée par la loi du 30 octobre 2007 à la suite de l'adoption par la France du protocole facultatif à la Convention des Nations Unies contre la torture et autres peines ou traitements cruels, inhumains ou dégradants.

Avec une équipe d'environ quarante contrôleurs, mon rôle est de contrôler les conditions de prise en charge et de transfèrement des personnes privées de leur liberté d'aller et de venir, afin de garantir le respect de leurs droits fondamentaux et d'en prévenir toute violation

Le CGLPL effectue chaque année 150 visites d'établissements pénitentiaires, d'établissements de santé mentale, de centres de rétention administrative, de centres éducatifs fermés ou de locaux de garde à vue. Son statut d'autorité administrative indépendante lui offre de nombreuses garanties d'indépendance, un accès direct à l'information écrite ou orale et aux lieux qu'il contrôle. Il a la possibilité d'émettre toute recommandation qu'il juge utile, en premier lieu dans les rapports relatifs à ses visites, mais aussi dans des avis et recommandations qu'il adresse au Gouvernement et qui sont publiés au Journal Officiel ou dans un rapport annuel remis au Président de la République ainsi qu'aux Présidents de l'Assemblée nationale et du Sénat.

La particularité du contrôle non juridictionnel tel qu'il est effectué par le contrôleur général des lieux de privation de liberté est son caractère préventif, donc le fait qu'il s'exerce de manière systématique, en dehors de tout litige, et sans même qu'il soit besoin de soupçonner une anomalie ou un dysfonctionnement. Contrairement au juge, une autorité administrative indépendante peut se fonder non seulement sur le doit positif, mais aussi sur des règles de droit souple qui, sans avoir de caractère juridiquement contraignant, influencent le comportement des acteurs et fixe des objectifs qui concourent à l'effectivité des droits affirmés par la loi.

Le droit à la santé quelquefois désigné par l'expression « accès aux soins » est évidemment un droit fondamental qui occupe une place essentielle dans les préoccupations de l'institution. Il a du reste donné lieu à un *Avis du 16 juin 2015 sur la prise en charge des personnes détenues dans les établissements de santé* et fait l'objet d'investigations approfondies à l'occasion de chaque visite.

La santé est un droit fondamental de l'être humain, indispensable à l'exercice de ses autres droits. Toute personne a le droit de jouir du meilleur état de santé susceptible d'être atteint, lui permettant de vivre dans la dignité. De nombreux instruments internationaux et nationaux consacrent le droit à la santé ; ainsi l'article 11 du préambule de la Constitution du 27 octobre 1946 rend la Nation garante de la protection de la santé de chacun. Ce droit ne saurait disparaître ou être diminué dans les lieux de privation de liberté.

Il importe en effet de ne rien céder sur les principes de l'accès aux soins : l'accessibilité, le secret, la confidentialité, l'égalité, la qualité.

Bien sûr, certains impératifs, tels que celui de la sécurité, sont à prendre en considération au sein de ces lieux. Il s'agit alors de concilier les exigences liées à la santé avec celles de la sécurité, dans un équilibre qui ne doit certainement pas privilégier systématiquement la seconde.

La question du droit à la santé et particulièrement de l'accès aux soins de se pose évidemment pas de la même façon selon la durée de la captivité et les différents lieux d'enfermement. Si en garde à vue ou en centre de rétention administrative, ce sont les questions d'accès à un médecin et de compatibilité de la mesure avec l'état de santé de la personne qui sont essentielles, c'est aussi la question de la prise en charge des pathologies chroniques et des affections de longue durée qui doit être étudiée dans les établissements pénitentiaires les établissements de santé mentale.

La question de savoir si la prison est ou non un lieu de soins a été longtemps débattue. La réponse est en toute rigueur négative, mais il n'en demeure pas moins que les établissements pénitentiaires sont sans conteste des lieux où l'on dispense des soins. Il faut à ce titre rappeler que les catégories les plus défavorisées sont surreprésentées en détention, et que la population pénale présente pour divers motifs une absence de familiarité avec le système de soins, dès avant la vie carcérale. Et l'absence antérieure de soins a pu générer d'importants besoins.

Ensuite, un certain nombre de séjours en prison sont indissolublement liés à un comportement ou un état sanitaire dégradé ; tel est le cas des addictions, qu'il s'agisse de l'alcool, facteur récurrent de la commission des infractions, ou des stupéfiants entraînant à la fois des emprisonnements fréquents et un certain nombre de pathologies.

Dans un registre tout à fait différent, la maladie mentale est fréquente en prison, 16 à 18 000 personnes nécessiteraient ainsi d'importants soins psychiatriques. Enfin, à la détention elle-même génératrice de nouvelles difficultés en raison des conditions de vie qu'elle impose : troubles gastriques, syndromes anxio-dépressifs, aménorrhée des femmes, perte des dents ou des cheveux...

La santé est donc un sujet de préoccupation majeure en détention, et les difficultés dans l'accès aux soins sont un des premiers motifs par ordre d'importance de saisine du contrôle général des lieux de privation de liberté par les détenus.

De la même façon, lors des visites du contrôleur général des lieux de privation de liberté c'est une thématique à laquelle les contrôleurs apportent beaucoup d'attention.

Afin de s'assurer de l'effectivité de ces droits, le contrôle général des lieux de privation de liberté est amené à vérifier tout d'abord que les mesures structurelles nécessaires pour garantir l'accès aux soins sont mises en place, et ensuite, à vérifier que les modalités d'accès aux soins sont globalement respectueuses des droits fondamentaux et ne présentent pas, notamment, de caractère dissuasif.

Dans ce contexte, je vais vous présenter maintenant les principaux constats qui ont été opérés dans les établissements pénitentiaires et les recommandations que j'ai formulées à la suite de ces constats.

La réalité de l'accès aux soins des personnes privées liberté dépend en premier lieu des structures qui sont consacrées à cette fonction :

- des unités sanitaires dans chaque établissement,
- des services médicaux psychologiques régionaux pour les régions,
- au niveau interrégional des unités hospitalières sécurisées interrégionales pour les soins somatiques des unités hospitalières spécialement aménagées pour les soins psychiatriques ;
- un établissement pénitentiaire national de santé à Fresnes.

Cette structure est en apparence complète et, si l'on ajoute les soins de proximité fournie par les hôpitaux de rattachement des unités sanitaires, la couverture sanitaire des détenus devrait être correcte.

Pourtant les visites du contrôle général des lieux de privation de liberté mettent en évidence de nombreuses lacunes dans l'exercice du **droit d'accès aux soins à l'intérieur des établissements pénitentiaires :**

- le personnel médical présent dans les prisons est souvent en nombre insuffisant ;
- les spécialisations médicales nécessaires sont souvent difficiles d'accès : à ce titre, par exemple, on déplore très fréquemment que les soins dentaires soient souvent quasi inaccessibles ;

- le problème est plus aigu encore pour les spécialités paramédicales : à ce titre, j'observe l'absence quasi systématique de traitement de kinésithérapie à la suite des opérations ou d'accompagnement psychologique pour les détenus rentrant d'un séjour en psychiatrie ;
- enfin, l'accès aux équipements (prothèses, lunettes, équipements orthopédiques) est long et difficile, parfois économiquement impossible.

La question de l'accès aux soins dépend également de facteurs internes à la prison, notamment de la présence de surveillants en nombre suffisant pour organiser de manière fluide les mouvements nécessaires. Ainsi, dans certains établissements, près de la moitié des rendez-vous médicaux ne sont pas honorés sans que l'on ait réellement d'explication à ce phénomène. L'administration pénitentiaire ne le suit que rarement ; les médecins l'observent sans l'expliquer et n'interrogent que rarement l'administration pénitentiaire sur ses causes.

Dans la pratique, la difficulté semble résulter de deux facteurs essentiels qui peuvent se cumuler :

- le manque de disponibilité du personnel de surveillance, généralement surchargé, pour effectuer les mouvements ; c'est une des nombreuses conséquences dramatiques de la surpopulation carcérale ;
- l'existence d'activités « concurrentes » pour le même détenu qui préférera manquer rendez-vous médical plutôt que de renoncer à voir les siens au parloir ou à participer à une activité rémunérée.

La mise en place de soins au sein des hôpitaux se heurte à plusieurs difficultés. Ces soins peuvent être pratiqués soit par la voie d'une hospitalisation dans des hôpitaux de proximité, c'est-à-dire d'un séjour bref, en principe inférieur à 48 heures, dans une infrastructure adaptée dénommée « chambre sécurisée » soit par la voie d'une consultation « ambulatoire » dans le cadre d'une « extraction médicale ». Ces deux types de séjours à l'hôpital se heurtent en pratique à de nombreux obstacles.

En premier lieu, les difficultés d'organisation que j'ai mentionnées pour les consultations au sein des unités sanitaires sont considérablement accrues dès lors qu'il s'agit de sortir de l'établissement pénitentiaire puisqu'il faut en toutes circonstances mettre en place une escorte lourde et durable qui fait appel aux services de police.

Les modalités de consultation et d'hospitalisation durant les extractions médicales présentent également de nombreuses difficultés qui peuvent pour certains patients finir par revêtir un caractère dissuasif :

- des mesures de sécurité systématiques, non adaptées au profil du détenu sont mises en place souvent son discernement : dès lors, les détenus sont menottés et entravés, y compris parfois lorsqu'ils circulent dans les hôpitaux à la vue du public ;
- la confidentialité des soins n'est que rarement assurée : dans de très nombreux cas, y compris pour des examens gynécologiques, des surveillants ou des forces de police sont présents pendant les consultations et les soins, et assistent, notamment, à l'annonce des diagnostics ; cette pratique directement contraire aux dispositions de l'article 45 de la loi pénitentiaire du 26 novembre 2009 qui prévoient que «L'administration pénitentiaire respecte le droit au secret médical des personnes détenues ainsi que le secret de la consultation[1] ». Les constats effectués par le contrôleur général des lieux de privation de liberté permettent malheureusement encore de douter de l'effectivité de ces dispositions.
- lorsqu'un séjour en chambre sécurisée est nécessaire, les conditions de ce séjour sont plus défavorables que celle de la détention : le patient détenu et placé en permanence sous la surveillance des forces de police, parfois même lorsqu'il dispose de toilettes dans la chambre sécurisée, ce qui n'est pas toujours le cas ; il ne dispose d'aucune possibilité de sortir à l'air libre, d'aucune distraction, d'aucune possibilité de visite de sa famille alors même que ce n'est pas interdit ; d'aucune possibilité de contact téléphonique y compris lorsqu'il y est autorisé expressément par le juge.

[1] Ces dispositions ont du reste été rappelées, en ce qui concerne les examens gynécologiques, par une note de la directrice de l'administration pénitentiaire du 8 décembre 2015

Je souhaite enfin souligner une faiblesse majeure dans l'accès aux soins des détenus qui résultent de **l'absence de structures adaptées à la prise en charge des détenus dépendants ou des longs séjours.** Le problème du vieillissement en prison, qui se pose de manière aiguë dans certaines maisons centrales, est aujourd'hui insuffisamment pris en charge : des détenus dépendants demeurent dans des cellules où les soins sont difficilement prodigués et où ils ne sont pas suffisamment assistés. On observe une situation comparable pour les malades mentaux chroniques, malheureusement nombreux dans les prisons françaises, qui ne peuvent pas être pris en charge dans les UHSA dont la capacité ne le permet pas et pour lesquels aucune solution satisfaisante de séjour durable n'existe.

On voit donc que malgré la mise en place théorique des moyens nécessaires, ceux-ci ne sont pas toujours effectivement mobilisés et que, lorsqu'ils le sont, des considérations d'organisation, de disponibilité ou de sécurité finissent par les rendre inopérants. **C'est pourquoi le contrôle général des lieux de privation de liberté est amené à faire des préconisations malheureusement récurrentes.**

En premier lieu bien sûr le mal endémique de la prison française, la surpopulation carcérale, est à l'origine des difficultés concrètes d'accès aux soins comme bien d'autres services. C'est pourquoi on ne peut traiter de manière isolée des questions de l'accès aux soins dès lors que l'on n'aura pas traité celle de la surpopulation carcérale et celle, corollaire, de l'effectif du personnel de surveillance sans lequel aucun mouvement interne n'est possible.

En second lieu, le CGLPL s'est attaché à formuler des recommandations relatives à la **prise en charge des détenus dans les établissements de santé**. Il a recommandé à cet égard dans un avis du 16 juin 2015 relatif à la prise en charge des personnes détenues dans les établissements de santé :

- une meilleure coordination des services pour la réalisation des extractions ;
- une application des mesures de contrainte adaptée aux risques réellement encourus, c'est-à-dire que l'on renonce à l'usage systématique de la contrainte maximale ; cela revient à demander que la responsabilité des surveillants en cas d'évasion ne soit mise en cause que s'il y a une faute personnelle de leur part et non de manière systématique ; en

d'autres termes, cela revient à remplacer une obligation de résultat par une obligation de moyens ;

- un strict respect du secret médical, ce qui suppose que les surveillants ne soient pas systématiquement présents aux examens médicaux et aux soins, c'est-à-dire d'une part que le personnel médical ne formule pas cette demande et d'autre part qu'il soit lui-même attentif au respect de la contrainte de secret à laquelle il est lui-même tenu ce qui, malheureusement, n'est pas toujours le cas ;
- une organisation des chambres sécurisées respectueuse de la dignité des personnes, c'est-à-dire qui respecte le secret médical, l'intimité et l'ensemble des droits dont une personne détenue bénéficie en détention (activité, visites, téléphone, promenade, disposition de certains objets personnels, etc.).

Pour autant, le système des chambres sécurisées des extractions médicales ne peut pas pallier toutes les déficiences des moyens mis en place au sein des prisons. **La possibilité que les détenus soient soignés au sein de l'établissement où ils sont incarcérés doit être étendue.** C'est pourquoi le CGLPL recommande que l'ensemble des spécialités nécessaires, tant dans le domaine médical que dans le domaine paramédical, soient présentes au sein des établissements et, d'autre part, que le recours à la télémédecine soit développé comme cela se passe avec succès dans quelques établissements.

Le contrôle du respect du droit à la santé par le juge administratif

Jean GOURDOU

Professeur à l'Université de Pau et des Pays de l'Adour
Directeur de Pau Droit Public

Nul ne saurait aujourd'hui raisonnablement prétendre sans plus de précaution oratoire - comme certains avaient pu le faire après une lecture hâtive d'une ordonnance de référé liberté rendue en 2005[1]-, que le droit à la santé ne constitue pas, aux yeux du juge administratif, une liberté fondamentale des détenus[2].

Il serait en effet bien délicat de justifier une telle position dans le contexte normatif qu'a notamment rappelé le Contrôleur général des lieux de privation de liberté, au travers de son Avis du 16 juin 2015 relatif à la prise en charge des personnes détenues au sein des établissements de santé[3], à savoir :

- l'alinéa 11 du préambule de la Constitution de 1946, partie intégrante du bloc de constitutionnalité, qui garantit à tous la protection de la santé ;
- l'article 3 de la Convention européenne de sauvegarde des droits de l'homme et des libertés fondamentales imposant aux Etats de protéger l'intégrité physique des personnes privées de liberté, en particulier par l'administration des soins médicaux requis ;

---

[1] V. not. E. Putman, « *Le droit à la santé n'est pas une liberté fondamentale* », comm. sous, CE, ord., 8 septembre 2005, *Garde des sceaux c/ Bunel*, n° 284803, RJPF 2006, n° 1, p. 12.

[2] Cette ordonnance prenait d'ailleurs bien soin de préciser qu' « *en raison du renvoi fait par le Préambule de la Constitution de 1958 au Préambule de la Constitution de 1946, la protection de la santé publique constitue un principe de valeur constitutionnelle* ».

[3] NOR : CPLX1516614V ; JO 16 juillet 2015.

- la loi n° 94-43 du 18 janvier 1994 relative à la santé publique et à la protection sociale ainsi que ses textes d'application, dont l'objectif était d'assurer aux personnes détenues une qualité et une continuité des soins équivalentes à celles offertes à l'ensemble de la population et qui ont considérablement fait évoluer leur prise en charge sanitaire, en permettant le développement d'une politique de santé publique adaptée au milieu pénitentiaire (par transfert au service public hospitalier de l'organisation et de la mise en œuvre de la prise en charge sanitaire) ; ce principe ayant d'ailleurs été réaffirmé par l'article 46 de la loi pénitentiaire du 24 novembre 2009[4].

Au surplus, comme le souligne le même Avis, « *la question du respect du droit à la santé est d'autant plus importante en milieu carcéral qu'elle se pose d'une manière spécifique, entre une légitime préoccupation de sécurité et l'indispensable respect des droits fondamentaux* ».

On perçoit intuitivement le rôle essentiel que va être amenée à jouer la juridiction administrative en ce domaine, elle qui doit, par nature, concilier les impératifs d'intérêt général et de gestion publique avec la nécessaire protection des droits des administrés, tantôt en veillant au strict respect de la légalité de l'action administrative, tantôt en engageant la responsabilité de la puissance publique face à un dommage dont elle est tenue d'assumer la réparation.

Mais une protection efficace du droit de la santé du détenu passe aussi par un usage spécifique des procédures de référé (telles que réformées en profondeur par la loi n°2000-597 du 30 juin 2000)[5],

---

[4] « *La qualité et la continuité des soins sont garanties aux personnes détenues dans des conditions équivalentes à celles dont bénéficie l'ensemble de la population* ».

[5] On pense tout particulièrement aux référés d'urgence organisés par les articles L. 521-1 et s. du code de justice administrative, c'est-à-dire :

- le référé suspension (art. L. 521-1), exercé à l'appui d'un recours au fond contre une décision de l'administration suspectée d'illégalité afin d'en demander la suspension des effets sans attendre l'issue de la requête au fond ;

- le référé liberté (art. L. 521-2), recours autonome permettant au juge d'ordonner en extrême urgence (48 h), en cas d'atteinte grave et manifestement illégale à une liberté fondamentale, toute mesure à même de sauvegarder celle-ci ;

car quelle serait la portée d'un contrôle de légalité s'il ne pouvait s'effectuer en temps utile pour s'opposer, si nécessaire, à la décision ou la situation mettant en danger la santé du détenu ? Plusieurs ordonnances ont ainsi défrayé la chronique, affichant une volonté du juge administratif de prescrire à l'administration pénitentiaire la prise de mesures sanitaires à l'évidence urgentes et indispensables.

Cependant, ces décisions retentissantes ne doivent pas masquer une réalité jurisprudentielle en demi-teinte. Ce n'est en effet que lorsque la protection à la santé recoupe celle d'autres droits fondamentaux éminents bénéficiant aux détenus que le juge administratif se montre réellement audacieux (II) ; sans cela, sa sensibilité aux problèmes que rencontre l'administration pénitentiaire l'amène, la plupart du temps, à renoncer à trop d'exigence à son égard (I).

I. Difficultés à imposer à l'administration des obligations positives découlant du seul droit à la santé des détenus

On sait que le contrôle du juge administratif s'est renforcé en matière pénitentiaire depuis les années 1990, notamment sous la pression de la jurisprudence de la CEDH (recul de la théorie des mesures d'ordre intérieur élargissant le champ des décisions susceptibles de recours ; assouplissement des conditions d'engagement de la responsabilité de l'administration pénitentiaire, en particulier -mais pas seulement- en cas de suicide de détenus ; etc.). Il n'en reste pas moins que ce juge ne peut demeurer insensible aux réalités administratives (c'est même sa raison d'être), qu'il s'agisse des pressions internes spécifiques qu'engendre la gestion au quotidien des détenus, ou encore du contingentement des moyens imputables à des choix et/ou arbitrages budgétaires opérés par le législateur. Pour la question étudiée, cela se manifeste particulièrement à deux égards (A / B).

- le référé mesures utiles (L. 521-3) dans le cadre duquel le juge peut prescrire toute mesure estimée nécessaire sans que cela fasse ici obstacle à l'exécution d'une décision administrative.

A. L'impossibilité de fonder une demande de référé liberté sur la violation du droit à la santé isolément considéré

« *Droit social par excellence* »[6], le droit à la santé peut tout à la fois revêtir une portée collective (protection de la santé publique) et une portée individuelle (droit de chacun à la protection de sa santé). Mais l'étude des jurisprudences du Conseil constitutionnel et du Conseil d'Etat montre que c'est essentiellement la première dimension qui donne matière à un contrôle juridictionnel dans les contentieux où il a pu être invoqué[7].

Pour l'illustrer dans le domaine étudié, il nous faut revenir à l'ordonnance de 2005 *Garde des Sceaux c/ Bunel*. Il pouvait être tentant, dans le cadre de la nouvelle procédure de référé liberté, de se prévaloir d'un droit constitutionnel à la protection de la santé pour solliciter du juge le prononcé d'injonctions de faire à l'encontre de l'administration pénitentiaire (ici celle de soustraire l'intéressé au tabagisme passif en raison des pathologies dont il était atteint, au besoin en le plaçant dans une cellule avec des détenus non fumeurs, sans que ce changement d'affectation ait pour effet de le priver de son travail aux cuisines). Et la tentation était d'autant plus forte que l'on s'accordait sur le fait que cette voie de droit ne se limiterait pas à la sauvegarde des libertés dites de « première génération », mais qu'elle pourrait englober certains des « droits créances » issus –pour la plupart- du préambule de la constitution de 1946[8], ce qu'a d'ailleurs confirmé la jurisprudence ultérieure[9].

Cependant, cette dernière a également révélé qu'un droit de cette nature doit, afin d'être considéré comme justiciable dans ce

---

[6] *T. Gründler, « Le juge et le droit à la protection de la santé », RDSS 2010, p. 835 : « Le droit à la protection de la santé est le droit social par excellence. En effet, quel que soit le sens donné à cette catégorie construite par la doctrine, le droit à la protection de la santé peut être considéré comme l'un de ses éléments constitutifs tant par son objet - droit répondant à un besoin - que par son régime - droit dont la mise en œuvre suppose une action positive de la part des pouvoirs publics ».*

[7] *Ibid.*

[8] *V not. I. de Silva, concl. sur CE, Sect., 30 oct. 2001, Ministre de l'Intérieur c/ Tliba , RFDA 2002 , p. 330.*

[9] *Ainsi que le souligne -exemples à l'appui- J.-M. Sauvé, « L'urgence devant le juge administratif », 5ème édition des Etats généraux du droit administratif, 26 juin 2015 : http://www.conseil-etat.fr/content/download/44666/388170/version/1/file/2015-06-26-L-urgence-devant-le-juge-administratif.pdf*

cadre procédural, présenter un caractère direct, c'est-à-dire qu'il puisse être regardé par le juge comme traduisant la volonté d'une autorité normative de lui donner cette vertu[10]. Or, il n'en va pas ainsi pour les normes constitutionnelles à la formulation trop imprécise, voire clairement programmatoire, à l'image de celle prévoyant que la Nation « *garantit à tous, notamment à l'enfant, à la mère et aux vieux travailleurs, la protection de la santé* ». Ce type de prescription se matérialise plus volontiers sous la forme d'objectifs de valeur constitutionnelle -facilitant l'action législative en leur faveur-, que sous celle de droits opposables, sauf à ce que la loi soit intervenue pour les concrétiser[11].

L'affirmation de l'ordonnance *Bunel* selon laquelle il ne résulte pas de la valeur constitutionnelle du droit à la santé que celui-ci « *soit au nombre des libertés fondamentales auxquelles s'applique l'article L. 521-2 du code de justice administrative* » ne fait qu'expliciter cette constante jurisprudentielle.

La décision réserve d'ailleurs, par un *obiter dictum*, les cas dans lesquels ce droit peut trouver des relais législatifs tel que « *le consentement libre et éclairé du patient aux soins médicaux qui lui sont prodigués* » prévu par l'article L.16-3 du Code civil.

---

[10] *Sur ce point, v. O. Le Bot, « La justiciabilité des droits sociaux dans le cadre des procédures d'urgence », RDSS 2010, p. 812 : « Le principe qui sous-tend ce raisonnement est celui de la séparation des pouvoirs. En distinguant l'auteur de la norme et l'organe chargé de l'appliquer, ce principe confie au juge la mission d'appliquer le droit, et non de le créer. Le juge des référés ne saurait, sauf à outrepasser sa compétence, accueillir une prétention sur la base d'une norme que le législateur n'a pas entendu rendre opposable à l'autorité administrative ».*

[11] Pour une illustration relative au droit au logement avant le vote de la loi DALO du 5 mars 2007 organisant un mécanisme d'opposabilité, v. CE, ord., 3 mai 2002, *Association de réinsertion sociale du Limousin et autres*, Lebon p. 168 ; AJDA 2002 p. 818, note E. Deschamps.

B. La prise en considération des « sujétions inhérentes à la détention »[12]

1. Une approche nécessairement casuistique

D'une manière générale, le juge ne saurait rester insensible aux multiples contraintes pesant sur l'administration pénitentiaire[13]. Le Conseil constitutionnel a d'ailleurs admis que celles-ci peuvent être prises en compte par le législateur lui-même pour circonscrire, dans la limite du strict nécessaire, l'exercice des droits et libertés des personnes détenues[14].

Or, comme l'a subtilement montré Xavier Bioy[15], aborder la situation sanitaire individuelle d'un détenu sous l'unique prisme du droit à la santé n'autoriserait pas le juge à resituer la question dans la complexité qui caractérise immanquablement la gestion administrative de son cas particulier. C'est la raison pour laquelle, toujours dans l'affaire *Bunel*, le juge du référé du Conseil d'Etat a préféré raisonner en termes de liberté individuelle : au-delà d'une approche objective et par là même simplificatrice de la requête (exposition d'un détenu à la santé fragile au tabagisme de ses codétenus), cette référence lui a permis d'intégrer à son raisonnement l'ensemble des circonstances de l'espèce et de finalement conclure au rejet de la demande en raison des efforts manifestés l'administration pénitentiaire, des contraintes de l'incarcération et du refus de l'intéressé de quitter la cellule.

---

[12] Pour reprendre une nouvelle fois les termes de l'ordonnance *Bunel*.

[13] Pour une excellente synthèse de ces différentes contraintes, on pourra en particulier se reporter au rapport d'étude ENA intitulé « L'administration pénitentiaire et les droits des personnes détenues » publié sur le site internet de l'Association nationale des visiteurs de prison :

http://www.anvp.org/offres/file_inline_src/58/58_P_27762_2.pdf

[14] Cf not. la décision n° 2009-593 DC du 19 novembre 2009, *Loi pénitentiaire*, cons. 4 : « *il appartient (...) au législateur de garantir les droits et libertés dont ces personnes continuent de bénéficier dans les limites inhérentes aux contraintes de la détention* ».

[15] « Le tabagisme est un domaine propice au développement de nouveaux principes relatifs aux libertés », D. 2006, p. 124.

2. La priorité donnée à la voie indemnitaire

La sensibilité du juge administratif aux sujétions inhérentes à la détention a pour conséquence naturelle de pousser celui-ci à privilégier le contentieux de la réparation des atteintes au droit à la santé d'un détenu, tant le maniement des outils susceptibles d'en assurer la prévention peut s'avérer complexe compte tenu de l'ensemble des paramètres à prendre en considération[16]. En d'autres termes, plutôt que d'enjoindre à l'administration des obligations positives vis-à-vis d'un détenu exposé à une situation sanitaire problématique, le juge préfère faciliter les chances de ce dernier à en voir réparées après coup les éventuelles conséquences préjudiciables, y compris -le cas échéant- par l'intermédiaire du référé provision prévu par l'article R. 541-1 du code de la justice administrative[17]. Ainsi, dans ce cadre procédural, la Cour administrative d'appel de Douai a pu accorder une somme de 9 000 € au titre des préjudices que l'intéressé avait subis du fait qu'aucune prise en charge sanitaire et médicale adaptée n'a lui avait été proposée[18].

Cette nette inclination envers le contentieux indemnitaire[19] s'estompe cependant dès lors que le droit à santé en vient à se com-

---

[16] Témoigne également de cette réserve la jurisprudence relative au renversement de la présomption de mesure d'ordre intérieur en cas de transfert d'un détenu vers un établissement au régime carcéral moins sévère. V. not. à cet égard, CE, 9 avril 2008, n° 308221, Rogier : pour demander l'annulation d'un transfert de la maison d'arrêt de Fresnes vers le centre de détention de Caen, l'intéressé mettait en avant que son état de santé exigeait qu'il fût maintenu dans son établissement d'origine ; mais le CE a considéré son recours irrecevable au motif que des soins adéquats étaient assurés au centre de détention de Caen.

[17] « *Le juge des référés peut, même en l'absence d'une demande au fond, accorder une provision au créancier qui l'a saisi lorsque l'existence de l'obligation n'est pas sérieusement contestable* ».

[18] CAA Douai, ord., 7 janvier 2013, n° 12DA01478 : « (...) *eu égard à la nature et à la gravité des troubles dont est atteint [M. X.], du besoin avéré de soins appropriés pour éviter une pérennisation ou une aggravation de sa maladie et du retard à adopter des dispositions appropriées, le placement prolongé de ce dernier en maison d'arrêt destinée à accueillir des détenus en bonne santé est, par suite, une faute dans l'organisation et le fonctionnement du service pénitentiaire, susceptible d'engager la responsabilité de l'Etat* ».

[19] Correspond au même souci de faciliter l'indemnisation de la victime (ou de ses ayants-droits) le régime jurisprudentiel de responsabilité solidaire entre l'Etat et l'établissement public de santé auquel est rattaché l'établissement pénitentiaire en cas

biner avec d'autres droits et libertés particulièrement éminents, le juge abandonnant alors une part de sa réserve.

II. Exacerbation des exigences lorsque la protection de la santé des détenus recoupe d'autres droits fondamentaux

Il n'est pas rare de pouvoir envisager une atteinte au droit à la santé sous l'égide plus générale du droit à la vie ou sous celle du respect de la dignité de la personne humaine, et les requérants – notamment institutionnels - l'ont bien mesuré qui privilégient désormais un tel angle d'attaque, conscients que le juge se montre plus compréhensif lorsque les problèmes sanitaires, formulés en ces termes, soulignent la particulière vulnérabilité des détenus (A). Mais cette bienveillance connaît des limites sachant qu'au surplus, et en tout état de cause, l'office du juge administratif ne l'autorise pas à enjoindre à l'administration des prestations que seules les autorités normatives seraient habilitées de prescrire (B).

A. La vulnérabilité liée à la détention impose une protection particulière du droit à la vie et du droit au respect de la dignité de la personne humaine

1. Affirmation

Directement inspirée, sur ce point, par la Cour européenne des droits de l'homme[20], la jurisprudence administrative montre une sensibilité croissante aux situations susceptibles de porter atteinte au droit à la vie ou à celui du respect de la dignité de la personne humaine des détenus et ce, en raison de leur « *situation d'entière dépendance vis-à-vis de l'administration pénitentiaire* »[21]. Nombreuses sont les hypothèses dans lesquelles ces impératifs

---

de dommage engendré par une faute médicale, dès lors que les examens et soins ont été dispensés à l'intérieur de la prison : CE, 4 juin 2014, *Consorts B.*, n° 359244.

[20] V. par ex. sur cette question M. Houser, « Protéger la vie et la dignité de la personne humaine : une obligation source de responsabilité pour l'Etat », RDSS 2013 p. 671.

[21] Expression usuelle depuis l'arrêt CE, 17 décembre 2008, n° 305594, *Section française de l'Observatoire international des prisons*, AJ pénal 2009, p. 86, note E. Péchillon.

prééminents[22] rejoignent le droit à la santé considéré, soit d'un point de vue collectif (tout particulièrement à l'échelle d'un établissement donné : conditions de détention insalubres ; insuffisance globale de l'accès aux soins ; housses de matelas inflammables ; etc.), soit dans une perspective individuelle. A ce dernier égard, le Conseil d'Etat a précisé que, s'agissant des détenus pris isolément, « *l'appréciation du caractère attentatoire à la dignité des conditions de détention dépend notamment de leur vulnérabilité, appréciée compte tenu de leur âge, de leur état de santé, de leur handicap et de leur personnalité, ainsi que de la nature et de la durée des manquements constatés et des motifs susceptibles de justifier ces manquements eu égard aux exigences qu'impliquent le maintien de la sécurité et du bon ordre dans les établissements pénitentiaires ainsi que la prévention de la récidive* »[23].

2. Manifestations

Les concrétisations les plus emblématiques ont eu pour vecteur la procédure de référé-liberté, mise à profit notamment par la Section française de l'Observatoire international des prisons pour obtenir du Conseil d'Etat, à plusieurs reprises, la prescription en urgence d'un certain nombre de mesures nécessaires à la salubrité –et, partant, à la dignité-, mais aussi à la sécurité des usagers d'établissements particulièrement vétustes, à l'image du centre péni-

[22] Prééminence expressément reconnue par le Conseil d'Etat dans l'ordonnance du 30 juillet 2015, n° 392043, cons. 9 : « *les conditions d'intervention du juge des référés, sur le fondement de l'article L. 521-2 du code de justice administrative, diffèrent selon qu'il s'agit d'assurer la sauvegarde des droits protégés par les articles 2 et 3 de la convention européenne de sauvegarde des droits de l'homme et des libertés fondamentales* » *et des droits qui admettent* « *que des restrictions puissent être apportées à –leur-exercice* ».

[23] CE, S., 6 décembre 2013, *M. T.*, n° 363290. V aussi CE, 13 janvier 2017, *M. C.*, n° 389711.

tentiaire des Baumettes à Marseille[24] ou de la maison d'arrêt de Nîmes[25].

A l'échelle individuelle, le relais de ces deux droits prééminents démultiplie également les chances de succès des actions entreprises, en particulier dans le contentieux de la réparation[26].

Ainsi, pour continuer avec la problématique du tabagisme passif, c'est bien en relevant une « *atteinte suffisamment caractérisée à la dignité humaine (révélant) l'existence d'une faute de nature à engager la responsabilité de la puissance publique* » que le Tribunal administratif de Caen, dans le sillage de la Cour européenne des droits de l'homme[27], a condamné l'Etat à dommages-intérêts au profit d'un non-fumeur qui avait dû, durant cent vingt jours, partager avec plusieurs fumeurs une cellule de dimension réduite et dotée d'une fenêtre de petite dimension[28]. Envisager le problème sous cet angle conduira peut-être le Conseil d'Etat à se montrer également plus compréhensif dans le cadre de la procédure de référé liberté, sachant au surplus que la Cour européenne a déjà jugé que le refus d'accéder à la demande de transfert dans une cellule pour non-

---

[24] CE, ord., 22 décembre 2012, n° 364584 : saisi en appel, le juge des référés du Conseil d'État estime en particulier que la prolifération d'animaux nuisibles (rats et insectes) et de cadavres de rats dans les espaces communs et les cellules de la prison, imputable à une carence de l'administration, affecte la dignité des détenus et engendre un risque sanitaire pour l'ensemble des personnes fréquentant l'établissement, constituant par là-même une atteinte grave et manifestement illégale à une liberté fondamentale. Le juge enjoint en conséquence à l'administration de réaliser un diagnostic des prestations de lutte contre les animaux nuisibles à intégrer dans le prochain contrat de dératisation et de désinsectisation du centre pénitentiaire ainsi que, dans l'intervalle, une opération d'envergure susceptible de permettre la dératisation et la désinsectisation de l'ensemble des locaux de ce centre.

[25] CE, ord. préc., 30 juillet 2015, n° 392043 : injonction faite à l'administration de prendre notamment les mesures nécessaires pour garantir la sécurité de l'établissement et la prévention des risques d'incendies, et pour assurer l'accès des détenus aux produits d'entretien des cellules et à des draps et couvertures propres.

[26] Point un point général sur cette question, v. not. J. Schmitz, « Responsabilité de l'Etat en raison de conditions de détention », AJDA 2017, p. 637.

[27] V. not. CEDH 14 sept. 2010, *Florea contre Roumanie*, n° 37186/03 ; RDSS 2011. 86, note P. Mouron.

[28] TA Caen, 24 sept. 2015, n° 1500035, AJ pénal 2016, p. 47, obs. C. Otero.

fumeurs d'une personne souffrant de certaines affections violait l'article 3 de la Convention[29].

Quant au droit à la vie, il a joué un rôle déterminant dans l'assouplissement du régime de responsabilité de l'Etat face à un suicide de détenu[30], tout en continuant d'interroger le dispositif de collaboration entre l'administration pénitentiaire et les services médicaux[31].

B. Une audace contenue

1. Les limites naturelles de l'office du juge administratif

Le principe de séparation de la juridiction administrative et de l'administration active, dégagé pour remédier à la confusion qui existait jadis entre juges et administrateurs[32], interdit tout autant à l'administration de se conduire en juge qu'il fait défense au second d'agir en administrateur. Si l'on conjugue ce principe à celui, plus fondamental encore, de la séparation des pouvoirs, il en résulte une difficulté ontologique pour le juge administratif, confronté à des choix normatifs et budgétaires structurants pour l'organisation sociétale opérés par l'ensemble des pouvoirs publics, à contraindre ces derniers à infléchir leurs arbitrages dans tel ou tel sens, même lorsque des droits fondamentaux sont en jeu.

L'utilisation sus-évoquée de la procédure de référé liberté dans l'objectif d'amélioration des conditions collectives de détention en fournit une excellente illustration. L'ordonnance relative à la maison

---

[29] V. par ex., pour un détenu souffrant d'hypertension et de bronchite asthmatique, CEDH 18 octobre 2011, *Palavache c/ Roumanie*, n° 38746/03.

[30] Cf not. M Afroukh, « L'article 2 de la Convention européenne des droits de l'homme dans la jurisprudence administrative », RFDA 2011, p. 1153 : ce processus « *démontre que l'obligation positive de protéger la vie peut être assurée sans recours appuyé à l'article 2. Dès lors, l'essentiel nous semble résider dans la contribution de cette jurisprudence à la protection des droits des détenus. Peu importe, dans cette logique, le chemin emprunté* ».

[31] CEDH, 4 février 2016, n° 58828/13, *Isenc c/ France* ; AJ pénal 2016 p.158, obs. J.-P. Céré ; RSC 2016 p.577, comm. D. Roets.

[32] Cf not. J. Chevallier, « L'interdiction pour le juge de faire acte d'administrateur », AJDA 1972, n°6, p.69.

d'arrêt de Nîmes a même entendu préciser le champ des seules mesures susceptibles d'être prescrites à l'occasion d'un tel recours, sauf à excéder l'office du juge statuant à ce titre. On relèvera essentiellement qu'il s'agit de mesures devant « *en principe présenter un caractère provisoire*[33], *sauf lorsqu'aucune mesure de cette nature n'est susceptible de sauvegarder l'exercice effectif de la liberté fondamentale à laquelle il est porté atteinte* » ; qu'en outre, le juge du référé liberté ne peut qu'ordonner « *les mesures d'urgence qui lui apparaissent de nature à sauvegarder, dans un délai de quarante-huit heures, la liberté fondamentale à laquelle il est porté une atteinte grave et manifestement illégale* », ou, si nécessaire, « *décider de déterminer dans une décision ultérieure prise à brève échéance les mesures complémentaires qui s'imposent et qui peuvent être très rapidement mises en œuvre* » ; sachant enfin que, et dans tous les cas, chaque injonction à l'administration pénitentiaire est « *subordonnée au constat que la situation litigieuse permette de prendre utilement et à très bref délai les mesures de sauvegarde nécessaires* »[34].

Conformément à cette logique d'ensemble, n'a pas, par exemple, été regardé comme du ressort du juge du référé liberté le prononcé d'une injonction, à destination de l'administration pénitentiaire, d'élaborer un plan directeur de mise en sécurité de la maison d'arrêt de Tours pour faire cesser des atteintes invoquées aux droits découlant des articles 2, 3 de la Convention européenne de sauvegarde des droits de l'homme[35].

2. Les facteurs subjectifs conditionnant l'appréciation de la vulnérabilité d'un détenu

Dans certains contentieux spécifiques, le juge administratif se montre assez peu enclin à faire prévaloir les questions de protection de la santé d'un détenu alors même qu'elles s'y posent avec une

---

[33] La même ordonnance spécifiant plus loin que le juge du référé liberté peut notamment « *ordonner à l'autorité compétente de prendre, à titre provisoire, une mesure d'organisation des services placés sous son autorité lorsqu'une telle mesure est nécessaire à la sauvegarde d'une liberté fondamentale* ».

[34] Pour des développements sur l'ensemble de ces conditions, v. not. O. Le Bot, « Référé-liberté à la maison d'arrêt de Nîmes » AJDA 2015. 2216.

[35] CE, ord., 23 décembre 2016, n° 405791, *Section française de l'Observatoire international des prisons*.

particulière acuité. Ainsi en va-t-il des requêtes demandant l'annulation ou la suspension d'une décision de prolongation du régime de l'isolement, régime qui peut produire, on l'a souvent dénoncé, des effets psychologiques et psychiques dévastateurs sur les détenus qui le subissent trop longtemps.

Si certains juges du fond avaient pu s'appuyer sur des considérations de cet ordre pour faciliter la suspension d'une pareille mesure[36], le Conseil d'État a quant à lui entendu signifier que la durée d'une mise à l'isolement n'est pas, à elle seule, de nature à établir une situation d'urgence et que, faute de présomption à cet égard, il appartient au juge des référés d'apprécier objectivement et concrètement cette urgence espèce par espèce, compte tenu des justifications fournies par le requérant et de l'ensemble des circonstances de chaque affaire[37].

On ne peut s'empêcher de penser que le juge administratif est, ici, influencé par la personnalité des détenus généralement soumis à ce type de mesure, dont on ne perçoit pas, de prime abord, la particulière « vulnérabilité »[38]. Et il est vraisemblable que cette perception de l'individu concerné est volontiers mise en balance défavorable avec les impératifs de « *maintien de la sécurité et du bon ordre dans les établissements pénitentiaires* »[39] que ce dernier a souvent contrariés pour justifier sa mise à l'isolement.

Seule, en conséquence, la production en temps utile d'éléments probants (comme des certificats médicaux réitérés) aura une chance de convaincre le juge de la nécessité d'agir contre une mesure de

---

[36] V. par ex. TA Montpellier, 27 mai 2004, n° 0042409, qui observait la gravité croissante de l'atteinte à l'intégrité physique et psychique d'un détenu allant de pair avec l'allongement de la durée de ce régime de détention.

[37] Principe confirmé par CE 1er février 2012, n°350899, ADA 2012, p.1177, note J.-F. Calmette. Cette sévérité du Conseil d'Etat tranche avec d'autres domaines dans lesquels il a estimé devoir faire bénéficie le requérant d'une présomption d'urgence à obtenir la suspension d'une décision administrative, tel un permis de construire.

[38] Vulnérabilité qui, rappelons-le, s'apprécie aussi en intégrant la dimension quelque peu subjective de la personnalité du détenu : cf CE, S., 6 décembre 2013, *M. T.*, n° 363290, arrêt précité.

[39] *Ibid.*

prolongation de l'isolement[40]. Sans cela, une fois encore, le problème ne pourra se que résoudre sur le terrain de la réparation[41].

****

La jonction, de plus en plus fréquente, entre droit à la santé, droit à la vie et impératifs de respect de la personne humaine a donc permis au juge administratif d'imposer certaines obligations minimales à l'administration pénitentiaire. Mais ce juge ne peut, à lui seul, remédier aux nombreuses lacunes des politiques pénale et pénitentiaire menées depuis tant d'années et ayant mené au marasme actuel –surpopulation carcérale ; vétusté de nombre d'établissements ; insuffisances des prises en charge ; etc. Reste que les actions –même symboliques- engagées devant lui sur ces terrains présentent au moins le mérite de participer à la prise de conscience générale qu'il serait indigne de se satisfaire du *statu quo*.

---

[40] V. par ex. TA Paris, 19 août 2004, n° 0410191, AJ pénal 2004, p. 374, obs. E. Péchillon.

[41] V. not. CAA Paris, 5 juin 2008, n° 07PA00126.

Le contrôle de l'exécution des peines et le droit à la santé : l'expérience brésilienne

Carlos Edouardo JAPIASSU

Professeur à l'Université Fédérale de Rio de Janeiro (UERJ) et à l'Université Fédérale de Rio de Janeiro (UFRJ)

Coordinateur du PPGD/UNESA

Secrétaire général de l'Association Internationale de droit Pénal

Vice Président du Comité International des Pénalistes Francophones

Anna Lúcia TAVARES FERREIRA

Défenseur Public à Rio de Janeiro

1. Introduction

Le problème carcéral existe en Brésil depuis longtemps. Même si la première Constitution brésilienne (1824) promettait des prisons sûres, propres et bien aérées, la première enquête au Parlement brésilien sur les mauvaises conditions carcérales, réalisée dans les années 1830, a décrit des cellules humides, insalubres, inhabitables. Il faut dire que l'indépendance brésilienne était déclarée en 1822[1].

Les débats sur cette question sont fréquents, particulièrement après les périodes autoritaires (1937-1945 et 1964-1985) où la prison a été utilisée largement par les gouvernements.

Le régime militaire a été responsable de violations très graves des droits de l'homme : tortures, disparitions, incarcérations. Dans ce contexte, la situation des prisons s'est dégradée et la surpopulation a atteint des niveaux alarmants[2]. C'est donc à la fin du régime qu'une réforme des lois pénales et surtout pénitentiaires a été déclenchée,

---

[1] JAPIASSU Carlos Eduardo Adriano, Alternativas a la prisión en Brasil : Instrumentos para la reducción de la población carcelaria o para la ampliación del control estatal ? Revista Derecho Penal. Año I n° 1. Ediciones Infojus, p.115.

[2] *Ibid.*

elle se trouve dans la nouvelle partie générale du Code Pénal (Loi n° 7.209/1984) et dans la loi de l'exécution des peines (LEP) (Loi n° 7210/1984).

Malgré des modifications très importantes, comme la judiciarisation de l'exécution des peines, cette réforme n'a pas été capable d'apporter de solutions. La situation carcérale demeure préoccupante, confrontée à la surpopulation, aux cas de violence et à la violation des droits du détenu[3].

En effet, l'évolution apportée par la LEP n'était pas apte a répondre aux grands défis posés par des indices élevés de criminalité (très supérieurs, par exemple, à la moyenne des pays de l'Europe occidentale), l'augmentation suffisamment expressive des incarcérations et des réformes légales ayant comme objectif de rendre plus sévère la législation pénale et l'exécution des peines.

Plus récemment, le taux de détention a présenté des augmentations importantes, de 135,38 jusqu'à 306,22 pour 100.000 habitants, entre décembre 2001 et décembre 2014. Aujourd'hui, le Brésil à la 4ème plus grande population carcérale dans le monde et peut-être la croissance plus vite. D'après le département pénitentiaire national (DEPEN), il y avait, en décembre 2014, 622.202 détenus pour 371.884 places. Il est alors facile de comprendre qu'un des plus graves problèmes du système pénitentiaire brésilien actuel tient à sa surpopulation[4] .

Dans ce cadre, le droit à la santé comme les autres droits ne sont pas respectés comme il faudrait. Par contre, les mauvaises conditions sont très courantes et le défi du contrôle de l'exécution des peines est encore posé, sans solution visible aujourd'hui.

---

[3] JAPIASSU Carlos Eduardo Adriano, La Loi pénitentiaire brésilienne; caractéristiques et perspectives après vingt-cinq ans. *In* MALABT Valérie, de LAMY Bertrand, et GIACOPELLI Muriel, La réforme du Code pénal et du Code de procédure pénale : Opinio doctorum, 2009, Paris, Dalloz, p. 73-74. Sur le sujet, v. D.A. Dias Cintra Jr., A jurisdicionalização do processo de execução penal – o contraditório e a ampla defesa, Revista brasileira de ciências criminais n° 9, São Paulo, RT, p. 115- 132.

[4] Données obtenues le 26 juin 2009 sur le site: http://www.justica.gov.br/seus-direitos/politica-penal/infopen_dez14.pdf

L'objectif de cet article est de présenter brièvement le système de contrôle de l'exécution de peines brésilienne, particulièrement en ce qui concerne le droit aux soins de santé des détenus.

2. Le Droit de L'Exécution des peines brésilien

En ce qui concerne la base légale, l'exécution des peines au Brésil s'organise à partir de la Constitution de la République fédérative du Brésil (CF), conjointement à d'autres dispositifs tels que le Code pénal (CP), le Code de procédure pénale (CPP) et la loi d'exécution des peines (Loi nº 7.210/84 - LEP)[5].

La règlementation générale du système pénitentiaire et des droits des détenus dans l'ordre juridique brésilien, est établie par la Loi d'exécution des peines n° 7210/84 (LEP) et par la Résolution du Conseil national de politique pénale et pénitentiaire (CNPCP)[6] n° 14/1994, qui a fixé les règles minima pour le traitement des détenus au Brésil et dans quelques autres dispositifs légaux ou de source constitutionnelle.

Concernant la gestion, en dépit de la mise en cause de la qualité de la gestion publique et l'introduction du secteur privé dans la gestion des établissements pénitentiaires, l'état conserve la responsabilité de 90 % des établissements de détention.

Il existe donc des prisons des états, des prisons fédérales (qui accueillent les détenus en régime disciplinaire différencié ou dont le maintien dans une prison locale constitue un danger pour la sécurité publique, selon la Loi 11.671/08) et des prisons avec gestion déléguée. Les prisons des états et les prisons déléguées accueillent tous les autres détenus, condamnés ou prévenus, dans des établissements de détention, séparés selon le type de peine privative de liberté et le régime[7].

---

5 JAPIASSÚ Carlos Eduardo Adriano. Le système pénitentiaire brésilien. in CÉRÉ Jean-Paul et JAPIASSÚ Carlos Eduardo Adriano (dir.), *Les systèmes pénitentiaires dans le monde*, Paris, Dalloz, 2e éd. 2011, p. 73.

6 Agence subordonnée au ministère de la Justice, à qui revient la compétence de proposer des directives, de suggérer des objectifs et des priorités de la politique pénale et pénitentiaire, entre des autres attributions prévues dans l'art. 64 LEP. Sur le Sujet ROIG Rodrigo Duque Estrada. *Execução Penal*: teoria crítica. São Paulo, Saraiva, 2014, p. 262-264.

7 Le Code pénal brésilien, dans son article 32, consacre deux types de peine privative

L'article 38 du Code pénal garantit ainsi aux détenus la conservation de tous les droits qui ne sont pas atteints par la perte de la liberté. Entre autres, la Constitution brésilienne consacre le respect à l'intégrité physique et morale des détenus (art. 5°, XLIX).

La LEP établit également différents droits des détenus (art. 41) parmi lesquels l'alimentation, l'attribution d'un travail, l'entrevue personnelle avec l'avocat et l'audience spéciale avec le directeur de l'établissement. Elle prévoit, en outre, un dispositif d'assistance aux détenus, ce qui inclut l'assistance matérielle, la santé, juridique, le droit à l'éducation, l'aide sociale et la liberté de culte (ar.t 41, VII et arts. 10 à 27 LEP).

3. Le Contrôle de L'Exécution des Peines

La loi brésilienne ne prévoit pas d'organe de contrôle spécifique, comme le modèle qui existe en France (le Contrôleur Général des Prisons), mais un modèle diffus de contrôle.

Les organes suivants peuvent contrôler l`exécution des peines : le Conseil National de Politique Criminelle et Pénitentiaire, le Pouvoir Judiciaire, le Pouvoir Législatif, le Ministère Public, le Bureau du Défenseur Public, les Conseils Pénitentiaires, les Conseils Communautaires et le Département Pénitentiaire National (art. 61 LEP).

Le Conseil National de Politique Criminelle et Pénitentiaire (CNPCP) est une Agence subordonnée au ministère de la Justice, dont font partie 13 membres, parmi lesquels des professeurs et professionnelles juridiques, ainsi que des représentantes de la société et du

---

de liberté : la réclusion et la détention qui répondent toutes deux à un critère de gravité du crime commis. La peine de réclusion, la plus grave, peut être exécutée sous la forme de trois régimes : fermé, semi-ouvert et ouvert. La peine de détention, quand à elle, est exécutée en régime semi-ouvert ou ouvert. Il convient de souligner qu'actuellement un courant d'opinion défend l'unification des peines privatives de liberté en une seule, dénommée prison. Les peines privatives de liberté peuvent être accomplies en régime fermé, semi- ouvert ou ouvert. Dans le premier cas, elles sont effectuées dans un pénitencier ou dans des colonies agricoles, industrielles ou autres (art. 87 à 92 LEP). Dans le deuxième cas, elles sont effectuées dans des auberges, caractérisées par l'absence d'obstacles pour effectuer une évasion (art. 93 et 94 LEP).

Ministère des Affaires sociales (art. 63 LEP). Les conseilleurs exercent un mandat de deux ans, renouvelable une fois[8].

Parmi les fonctions du CNPCP, il lui incombe de conduire des inspections des établissements de détention, ainsi que d'évaluer l'évolution de l'exécution des peines au niveau des Etats, en s'appuyant aussi sur les rapports des Conseillers Pénitentiaires (art. 64, VIII LEP).

D'après les informations obtenues, le Conseil présente des Rapports d'Inspection, adressés aux autorités administratives et judiciaires directement chargées de la mise en œuvre de programmes et mesures appropriées, en décrivant la situation réelle des établissements et en formulant des recommandations. A la suite de l'émission des rapports, les organes définissent un agenda pour que le Conseil puisse contrôler l'accomplissement des recommandations[9].

Le Département Pénitentiaire National, pour sa part, est l'organe responsable de la politique pénitentiaire nationale et de l'aide budgétaire et administrative du CNPCP, ainsi que de contrôler l'application de la loi pénitentiaire et conduire des inspections dans tous les établissements de détention brésiliens (art. 72 LEP).

Quant au contrôle judiciaire, il ne se limite pas seulement au respect des droits civils et politiques ou à la préservation d'un traitement humain durant l'exécution des peines ou la détention provisoire. Il concerne aussi le système progressif, la liberté conditionnelle, les pardons collectifs, ainsi que tous autres droits prévus dans la LEP, conformément aux articles 1º, 2º, 66 et 194 de la loi d'exécution des peines (LEP).

Il est de la responsabilité du juge d'exécution de résoudre toutes les questions liées aux droits du condamné et pour autoriser toute sortie du contexte de l'administration pénitentiaire.

Le contrôle exercé par le juge d'exécution comprend des inspections mensuelles dans les établissements de détention. Dans ce cas, c'est a lui de mètre en œuvre les mesures nécessaires pour assurer le respect des droits des détenus et d'ouvrir des enquêtes sur la res-

---

8 ROIG Rodrigo Duque Estrada. *Execução Penal*: teoria crítica. São Paulo, Saraiva, 2014, p. 262-264.

9 KUEHNE Maurício, Lei de Execução Penal Anotada. Curitiba, Juruá, 2009, p. 151-156.

ponsabilité, ainsi que de vérifier l'occupation des établissements dont les conditions physiques ne répondent pas aux exigences légales.

En règle générale, l'application des sanctions disciplinaires est de la compétence du directeur de l'établissement pénitentiaire (art. 47-54 LEP). La seule exception est l'imposition du régime de la discipline différencié, lequel dépend d'une décision judiciaire, après interventions du ministère public et de la défense du détenu (art. 54 § 1° et 2° LEP).

Nonobstant, la juridisation des mesures disciplinaires, un contrôle judiciaire peut être exercé chaque fois que les droits des détenus soient menacés ou violés, selon l'article 5°, n. XXXV Constitution[10].

La loi pénitentiaire prévoit aussi la compétence du ministère public pour contrôler l'exécution des peines, soit en contrôlant les établissements mensuellement (art. 67 § unique) ou dans la cadre des procédures judiciaires de exécution de peines. C'est à lui, entre autres, de demander des mesures nécessaires au bon déroulement du processus d'exécution et former des recours juridictionnels contre les décisions de juge d'exécution des peines.

De plus, le ministère public doit donner son avis sur les aménagements de peine et ses conditions, les autorisations de sortie, la libération conditionnelle, le placement sous surveillance électronique et le pardon[11].

---

[10] Sur le Sujet : KUEHNE Maurício. Lei de Execução Penal Anotada. Curitiba, Juruá, 2009, p. 166-193.

[11] Sur le sujet : KUEHNE Maurício. Lei de Execução Penal Anotada. Curitiba, Juruá, 2009, p. 194-19.

Le contrôle des établissements pénitentiaires est exercé aussi par le bureau du défenseur public[12]. Depuis 2009, le défenseur dispose de la garantie d'un libre accès à tous les lieux de privations de libertés, pour s'entretenir confidentiellement avec les détenus et pour contrôler les conditions de détention, grâce à la loi complémentaire 132.

La loi pénitentiaire exige la création par les Etats de services d'assistance juridique dans les lieux de privation de liberté pour les détenus sans ressources économiques suffisantes pour payer un avocat (art. 15 LEP). Il est donc obligatoire que chaque établissement ait des installations réservées au défenseur public. L'administration pénitentiaire, à son tour, doit lui apporter des ressources personnelles et administratives et fournir des informations et documents sur les détenus (art. 16 LEP).

Ces dispositifs ont été prévus par plusieurs lois pour apporter un cadre législatif aux programmes institutionnels déjà existants au sein de la structure organisationnelle des bureaux du défenseur public des états.

Dans l'état de Rio de Janeiro, par exemple, le décret étatique n° 25.535 du 6 novembre 1999 a créé le département du système pénitentiaire (NUSPEN) au sein du bureau du défenseur public de l'Etat, en raison d'une augmentation considérable de la population carcérale, de l'inefficacité de l'État à régler le problème de l'absence de places et des demandes de détenus pour un traitement digne.

Ainsi, abandonnant une mission d'intervention uniquement au cours du procès, l'institution a mis en place un programme institutionnel de prise en charge dans les unités carcérales.

---

[12] Le défenseur public est envisagé dans le chapitre « Des fonctions essentielles à la justice » (art. 134 CF), comme une institution directement corrélée au droit fondamental de l'accès à la justice. Le défenseur public prête « assistance juridique intégral » (art. 5, LXXXIV CF), qui englobe aujourd'hui les deux fonctions caractéristique de la profession d'avocat, à savoir la fonction de consultation et celle de représentation, non seulement devant les organes judiciaires, mais également extrajudiciairement, la nécessité étant la défense des intérêts des personnes sans ressources économiques. Sur le sujet, JAPIASSÚ Carlos Eduardo Adriano. *La loi pénitentiaire brésilienne ; caractéristiques et perspectives après vingt-cinq ans. In* MALABAT Valérie, De LAMY Bertrand et GIACOPELLI Muriel, *La réforme du Code pénal et du Code de procédure pénale : Opinio doctorum,* 2009, Paris, Dalloz, p. 398-403.

A la fin des années 2000, le programme a été étendu aux prévenus et internés provisoires et aujourd'hui la prise en charge des détenus est pleinement assurée dans toutes les unités du système pénitentiaire étatique.

La présence physique des défenseurs publics dans les prisons et hôpitaux carcéraux et psychiatriques de l'Etat a, en effet, permis de contrôler le respect des droits des détenus. Elle a rendu plus aisée l'application des droits prévus par la loi, notamment la liberté conditionnelle, l'évolution du régime de l'exécution des peines, les visites en foyer, les grâces, les sursis, etc.

En outre, le programme a occasionné une énorme diminution des violences, des tortures et des violations des lois. Grâce à l'action des défenseurs publics, les unités pénales ont été réformées, certaines même fermées, des procès administratifs on étés régularisés et des dénonciations étudiées.

L'insertion du contrôle de l'exécution des peines par le défenseur dans la loi pénitentiaire a permis la création de programmes similaires dans les autres États, de même qu'au niveau fédéral.

Le contrôle exercé par les Conseils Pénitentiaires consiste à conduire des inspections dans les établissements, de rédiger ensuite des rapports qui doivent être adressés aux autorités responsables de l'adoption des mesures propres à assurer le respect des droits des détenus. Les conseils contrôlent aussi les services d'attention aux ex-détenus (art. 70 LEP).

Selon la loi pénitentiaire, les conseils doivent être consultés sur la demande de grâce des détenus par le juge d'exécution des peines. Néanmoins, depuis 2014 les décrets présidentiels ont mis fin à sa consultation pour tenir compte de la nécessité d'accélérer la décision judiciaire sur le droit de grâce[13].

La loi pénitentiaire prévoit aussi un contrôle exercé par les conseils communautaires, qui doivent visiter les établissements de

---

[13] La grâce collective est une attribution exclusive du président de la République, exercée par voie de décrets annuels, traditionnellement pour les fêtes de Noel. Pourtant, c'est au juge d'exécution des peines d'analyser les cas individuels pour décider si chaque détenu rempli les exigences fixées au décret. Sur le sujet, SOUSA Artur de Brito Gueiros et JAPIASSU Carlos Eduardo Adriano, Direito Penal : Parte General, Rio de Janeiro, Forense, 2015, p. 660-661.

détention, interroger les détenus et présenter des rapports mensuels au juge d'applications de peines.

Enfin, le mécanisme national de prévention et lutte contre la torture (MNPCT), récemment créé, doit aussi visiter les lieux de privation de liberté et présenter des rapports au comité national de prévention e lutte contre la torture (CNPCT), au ministère public, ainsi qu'aux autorités responsables. Ces trois organes composent avec le CNPCP et le DEPEN, le système national de prévention et de lutte contre la torture (Loi n° 12.847/2013).

Si d'une part le contrôle de l'exécution des peines exercé par plusieurs organes accroît le contrôle dans les établissements, d'autre part l'efficacité de ce modèle se montre insuffisante ou inappropriée face aux problèmes générés par le constat de surpopulation carcérale sévère et l'augmentation accélérée du nombre de détenus.

4. Le contrôle et le droit à la santé

La loi brésilienne entend préserver la dignité, prévoir un traitement humain durant l'exécution de la peine et rendre possible la réinsertion sociale du détenu.

Pour cela, elle reconnaît et assure, entre autres les droits suivants : droit à la vie (art. 5o, rubrique, CF) ; droit à l'intégrité physique et morale (art. 5o, III, V, X, XLIII, CF ; CP, art. 38) ; droit à la propriété matérielle ou immatérielle, malgré le fait que le détenu ne puisse exercer certains droits de propriétaire (art. 5o, XXII, XXVII, XXVIII, XXIX et XXX CF) ; droit à la liberté de conscience et de conviction religieuse (art. 5o, VI, VII et VIII, CF ; art. 24 LEP) ; droit à l'utilisation de son propre nom (art. 41, XI, LEP) ; droit à la protection contre toutes formes de sensationnalisme (art. 28, VIII, LEP); droit à l'alimentation, à l'habillement, au logement, même si le détenu à le devoir d'indemniser l'État dans la mesure de ses possibilités pour les dépenses faites durant l'exécution de la peine (art. 12, 13, 41, I, et 29, § 1o, d, LEP).

La loi pénitentiaire à son tour impose à l'administration le devoir de prêter des soins de santé préventifs et curatifs, y compris les services de médecins et les soins dentaires (art. 10, 14 et 41 LEP).

Selon le Plan National de Santé dans le Système Pénitentiaire (Portaria Inter-ministériel MS/MJ 628 de 02/04/2002), mis en œuvre en 2003, il doit y avoir une équipe médicale (composée d'un médecin, une infirmière, dentiste, psychologue, assistant social, infirmière auxiliaire et assistante dentaire) pour chaque 500 détenus/prévenus.

En 2014, a été établi la Politique Nationale d'Attention Intégrale des Personnes Privées de Liberté (PNAISP), a été établie. Elle inclut la population carcérale dans la couverture formelle du système de santé publique (SUS).

Conformément à une enquête réalisée en 2014, seulement 37 % des prisons (52 % pour les unités féminines) du Brésil ont ce module de santé. Sur la détention provisoire, 1 établissement sur 4 destiné aux prévenus dispose d'un module de santé.

Il faut compter avec une grande disparité entre les Etats. Toutes les personnes arrêtées dans le District Fédéral (Brasília) et l´État de Bahia sont incarcérées dans un établissement comprenant des modules de santé. Seuls quatre établissements de Rio de Janeiro en revanche ont déclaré avoir un module de santé. Ces quatre établissements représentaient seulement 1 % de la population carcérale de cet Etat. En conséquence, 99 % de la population carcérale n'a pas le module de santé.

Les prisons de l'État de Rio de Janeiro ne possèdent pas leur propre personnel médical. Des infirmières assistent les détenus, seulement certains jours de la semaine. Elles et ont pour seule attribution de fournir des médicaments et effectuer des interventions mineures (pansements, etc.)

Les soins médicaux sont effectués dans l'unité d'urgence (Unidade de Pronto Atendimento - UPA) Hamilton Augustinho, inaugurée en 2011, attachée à l'hôpital pénitentiaire, dans le complexe pénitentiaire de Gericinó, avec une capacité de 300 personnes par jour. Aujourd'hui il y a trois médecins exercent leur service au sein de l'UPA, où sont réalisées en moyenne 60 consultations par jour.

Les consultations médicales peuvent être programmées lorsque le détenu le demande ou effectuées en cas d'urgence.

Dans ce cadre, il est possible d'affirmer qu'il existe un modèle national, seulement les États l'ont adapté à leur réalité et ont du mal à le respecter.

Quant à l'exécution des mesures de sécurité, dans le cas des personnes déclarées irresponsables pénalement en raison des troubles psychiques ou neuropsychiques, la Loi 10.216/2001 a prévu leur enfermement dans les hôpitaux du système pénitentiaire, en l'absence de places dans les hôpitaux du système de santé publique (art. 4 Loi 10.216).

Même si la loi exige la sortie progressive de tous les détenus soumis aux mesures de sécurité psychiatriques, les hôpitaux de détention et traitement fonctionnent encore. Selon les rapports du DEPEN, la proportion des détenus soumis aux mesures de sécurité dans les HCTP n'a pas été réduite entre 2005 et 2014 (0.79 %)[14].

En revanche, trois programmes permettent l'application de la loi 10.216/2001, à savoir : le PAI-PJ (programme d'attention intégral au patient judiciaire de l'État de Minas Gerais)[15] ; Le PAILI (programme d'attention au fou délinquant de l'État de Goiás)[16] et le programme de Brasilia[17]. Dans ces deux derniers cas, ces programmes ont mis un terme complet au fonctionnement des HCTP.

Le contrôle de l'exécution du respect du droit à la santé n'est pas différent du contrôle en général. Les mêmes organes responsables peuvent contrôler le respect au droit à la santé, avec les mêmes difficultés quotidiennes.

Le contrôle peut être exercé par le juge d'exécution de peines, par exemple, lorsqu'il applique la conversion du régime ouvert en

---

[14] Données obtenues le 26 juin 2009 sur le site: http://www.justica.gov.br/seus-direitos/politica-penal/infopen_dez14.pdf. Sur le sujet: CARVALHO, Salo de et WEIGERT Mariana de Assis Brasil. Reflexões Iniciais sobre os Impactos da Lei de Reforma Psiquiátrica nos Sistemas de Responsabilização e Execução Penal. Responsabilidades, Belo Horizonte, v. 2, n. 2, p. 285-301, set. 2012/fev. 2013.

[15] Tribunal de Justiça do Estado de Minas Gerais, Programa Novos Rumos, http://www.tjmg.jus.br/portal/acoes-e-programas/novos-rumos/.

[16] Ministério Público do Estado de Goiás, Implementação da Reforma Psiquiátrica na Execução das Medidas de Segurança. http://www.mp.go.gov.br/portalweb/hp/2/docs/cartilhadopailli.pdf.

[17] CASTRO Ulysses Rodrigues de., *Reforma Psiquiátrica e o louco infrator*: Novas Idéias e Velhas Práticas, Dissertation du master en Sciences de l'environnement et santé de la Universidade Católica de Goiás, Pró-Reitoria de Pós-Graduação e Pesquisa,http://www.observasmjc.uff.br/psm/uploads/Reforma_psiquiátrica_e_o_louco_infrator_novas_idéias_e_velhas_práticas.pdf.

détention domiciliaire en cas de besoin de traitement spécial de santé, selon l'article 117 LEP.

Un aspect important pour sauvegarder la santé des détenus/prévenus est la présence physique du Défenseur Public dans les établissements de privation de liberté chaque semaine. Si, pendant l'entretien personnel, les détenus se plaignent de l'absence de soins médicaux, le défenseur soumet leurs plaintes au juge de l'application de peines, pour que des mesures soient adoptées.

L'exercice du droit de plainte judiciarisé pour manque de soins de santé dans les établissements de détention est fréquent. Exceptionnellement, la jurisprudence admet une possibilité de conversion de la peine en détention domiciliaire en cas de nécessité de traitement spécial, qui ne pourrait pas être fourni dans l'établissement de détention, même si le détenu purge sa peine en régime fermé[18].

Tout aussi exceptionnellement, la détention domiciliaire est admise, selon une jurisprudence constante, pour les prévenus en cas de nécessité des soins de santé qui ne sont pas fournis dans les établissements de détention[19].

Il existe encore la possibilité, en cas de maladie grave, d'obtenir une grâce (collective ou individuelle), par le Président de la République (art. 84, XII, CF1988). Le pardon ou la grâce ne peut être octroyé (ainsi que l'amnistie) pour crimes odieux ou similaires (art. 5, XLIII, CF).

La raison plus courante pour l'obtention de la grâce individuelle est humanitaire. En règle générale, le détenu lui-même ou un membre de sa famille adresse une correspondance au Président de la République, pour demander la grâce. La Loi Pénitentiaire (articles 188 et suivants) prévoit les étapes à suivre.

---

[18] RHC 26.814/RS, Rel. Ministro JORGE MUSSI, QUINTA TURMA, julgado em 23/02/2010, DJe 29/03/2010. www.stj.jus/br/SCON/jurispdudencia/doc.jsp?livre=rhc+26814&b=ACOR&p=true&l=10&i=3.

[19] HC 335.379/SP, Rel. Ministra MARIA THEREZA DE ASSIS MOURA, SEXTA TURMA, julgado em 10/11/2015, DJe 25/11/2015// HC 293.387/SP, Rel. Ministro JORGE MUSSI, QUINTA TURMA, julgado em 07/04/2015, DJe 27/04/2015, http://www.stj.jus.br/SCON/jurisprudencia/doc.jsp?livre=335379&b=ACOR&p=true&l=10&i=2

Récemment, le Suprême Tribunal Fédéral a rendu une décision d'inconstitutionnel à propos du système pénitentiaire,[20] dans une procédure (ADPF 347)[21] initié par le parti politique Socialisme et Liberté (PSOL). La décision repose sur l'omission de l'administration d'assurer le respect des droits fondamentaux des détenus, en particulier le droit aux soins de santé. L'effet concret de cette décision reste à déterminer.

Conclusion

L'exécution des peines au Brésil soulève plusieurs problèmes et défis dans un cadre de criminalité très élevé, de surpopulation carcérale et de croissance accélérée du nombre de détenus/prévenus.

Dans ce cadre, un contrôle effectif de l'exécution des peines semble être fondamental pour éviter ou, au moins, réduire les violations quotidiennes des droits.

Le respect du droit à la santé fait partie des situations les plus importantes, dans un pays où il n'existe pas de modèle national homogène et d'organes de contrôle. Comme il a déjà été dit, le défi d'améliorer la situation a été lancé depuis longtemps, mais le Brésil n'a pas encore trouvé les bonnes réponses.

---

[20] La reconnaissance de L'Etat des choses inconstitutionnelles, consiste en une sorte de décision adopté dans le contexte du contrôle de constitutionalité concentré, selon la modèle développé par la cour constitutionnelle en Colombie, lorsque les droits fondamentaux de plusieurs personnes sont violés à cause d'un défaut étatique e d'avoir pris les mesures pour assurer le respect de ces droits. Sur le sujet, CAMPOS Carlos Alexandre de Azevedo Campos. Da Inconstitucionalidade por Omissão ao « Estado de Coisas Inconstitucional, Thèse présenté en fin du programme de doctorat, da Universidade do Estado do Rio de Janeiro 2015.

[21] Arguição de Descumprimento de Preceito Fundamental 347 http://www.stf.jus.br/portal/processo/verProcessoAndamento.asp?incidente=4783560.

Rapport de synthèse

François VIALLA

Professeur des universités

Directeur du Centre Européen d'Etude et de Recherche Droit&Santé

UMR5815 université de Montpellier

SFR ASMES

Le Droit à la santé et la prison, quelle protection quels enjeux ?

A l'issue d'une journée de travaux denses et intenses, il me revient la lourde tache, non d'en faire la synthèse, mais d'en prononcer la conclusion. On pourrait légitimement s'attendre à ce que l'auteur d'un tel rapport conclusif présente quelque légitimité, académique ou professionnelle, avec le cœur des travaux. Ni médecin, ni pénaliste, ni spécialiste de droit criminel, c'est à un candide juriste de droit médical et de la santé qu'est confié ce rôle.

Un premier constat me vient à l'écoute de certaines communications, celui d'une certaine proximité lexicale et terminologique entre les mots du droit et ceux de la santé. Ainsi, on a pu souligner que le sens même de la peine présentait plusieurs fonctions, « prévention , réparation (thérapie), restauration ». Dans une approche "Nietcheenne" on pourrait ajouter que la peine revêt aussi une connotation douloureuse[1] pour celui qui la subit.

Notons, encore, que la porosité linguistique existe aussi du droit vers la médecine, le mot « patient »[2] n'est-il pas, à l'origine, un terme mot du droit criminel passé ensuite dans le langage médical.

Les termes, « prévention », « réparation », « restauration », « peine », parlent tout autant au juriste qu'au médecin, mais le sens donné mériterait que l'on s'y attarde. A l'instar de Pascal ne faut-il pas affirmer : « je ne dispute jamais du mot pourvu qu'on m'en

---

[1] P. Girolami, Médecine et prison entre éthique et droit, LEH 2013, p.148, www.bnds.fr

[2] Dictionnaire de l'Académie française V° PATIENT , -ENTE adj. et n. XIIe siècle. Emprunté du latin patiens, participe présent de pati, « éprouver, souffrir ; II. N. 1. Vieilli. Condamné à mort qu'on mène au supplice ».

donne le sens ». La proximité du langage utilisé n'est, en effet, pas toujours synonyme de similitude de sens.

Au delà de la contiguïté lexicale, on constate que la question du droit "à la santé" des détenus est un sujet ancien tout autant qu'une problématique d'actualité brûlante[3]. Ce droit, on le constatera tout au long de l'histoire, est délicat à appréhender et plus encore à mettre en application.

Assurément, des rapports historiquement forts ont été noués entre les milieux hospitaliers et carcéraux, longtemps persisteront « [...] de curieux et tenaces rapprochements entres entre prisons et hôpital. Legs persistant du temps de l'enfermement ! Quand les gouvernants – Necker par exemple- prennent des mesures pour les hôpitaux, ils en prennent souvent aussi pour les prisons. [...] A Paris, Bicêtre, établissement dépendant de l'hôpital général accueille vieillards, épileptiques, aliénés, vénériens et paralysés. Mais c'est aussi le pénitencier du régiment des gardes, le lieu de détention de délinquants adolescents, la prison de condamnés à mort graciés pour avoir dénoncé leurs complices ! »[4].

Sur ces liens, la lecture de DOMAT[5] s'avère instructive : « La police temporelle a aussi son utilité dans les établissements d'hôpitaux, en ce qu'on tire ceux qu'on y reçoit de la nécessité de vaguer mendier leur pain, et de la fainéantise qui multiplie les larcins, les vols et les meurtres. Et les hôpitaux, sur tous ceux qu'on appelle hôpitaux géné-

[3] C. Manaouil, O. Sannier, « La médecine en milieu pénitentiaire », RGDM, n° 28, 2008, p. 157-196 ; A. Daniel, C. Paulet, « Le cas des patients en détention », RGDM, n° 37, 2010, p. 213-220 ; P. Girolami, « La médecine en milieu carcéral et la construction de l'homme nouveau - Enjeux éthiques et juridiques », RGDM, n° 40, 2011, p. 113-128.

[4] J. Imbert, dir., Histoire des hôpitaux en France, Privat 1982, p.254 » ; R. De Rickere, La femme en prison et devant la mort, Paris, Masson, 1898, spéc. p. 44, A propos Hôpital / Prison St. Lazare (Paris Xe ; rue faubourg St. Denis) : « Le seul rayon de soleil qui passât à travers les grilles du vieux Saint-Lazare éclairait une petite salle où des prisonnières, toutes jeunes, presque des enfants-mères, nourrissaient leurs petits. Ce sont ces femmes-là, a dit un homme de beaucoup d'esprit et de cœur, que la société peut essayer de relever par le frisson maternel. » ; F.VIALLA, RDS 2013, n° 53, Editorial, Recommandations du Contrôleur général des lieux de privation de liberté : extension du contrôle aux EHPAD, www.bnds.fr

[5] Domat, Les Lois civiles dans leur ordre naturel, Le Droit Public, et legum delectus, nouvelle éd. Par Hericourt et de Bouchevret, &c. Ganeau, M.DCC.XLV, Titre XVIII Des Hôpitaux, p.501-519

raux, ont encore cette utilité pour la religion et la police, que les aumônes sont plus utilement employées, que les pauvres sont mieux secourus, qu'ils ne sauraient l'être dans les autres lieux où leur pauvreté pourront leur permettre de se retirer ; et qu'ainsi cessant de vaguer, ils sont beaucoup moins à charge au public ».

Il convient d'ailleurs de souligner que l'idée même de l'autonomie du patient par rapport au praticien et/ou à l'établissement de santé et singulièrement la possibilité d'exercer pour le malade sa liberté d'aller et venir[6] est une réalité très nouvelle. Guy de Chauliac au XIVème siècle n'écrivait il pas : « le médecin attend de son patient qu'il lui obéisse tel un serf à son seigneur ».

Ajoutons que dès la fin de l'ancien régime, l'académie de médecine est appelée à donner « son avis sur les questions d'hygiène dans les prisons, comme dans les hôpitaux »[7]. Il s'agissait assurément moins d'une préoccupation relative à la santé des détenus[8] que d'un souci de prévention et de lutte contre le fléau épidémique[9].

Au delà de ces liens tissés entre santé et prison, c'est pourtant sur les oppositions qu'il convient d'insister : « Tout débat autour de la médecine en milieu de privation de liberté pose à l'évidence l'importance de l'autonomie de la médecine pour la pleine affirmation des valeurs dont elle est porteuse. La médecine a pour idéal le bien-être et l'effacement de la souffrance. Le droit à pour idéal la justice. La prison, lieu d'expiation d'une peine, exprime le paradoxe d'une souffrance infligée à l'être humain pour rétablir la justice. D'où

---

[6] F. Vialla, Liberté d'aller et venir in les grandes décisions du droit médical, LGDJ 2014 2e Ed. p. 243 et s.

[7] A. Leca, « 1834 : le "moment Tocqueville", quand la santé est devenue un critère dans la politique pénitentiaire», in Santé et Prison, Les cahiers de droit de la santé n°21 déc.2015, Dir. G. Casile-Hugues, p18.

[8] Sur le mouvement philantropique V. J. Howard, The state of prisons in England and Wales : : with preliminary observations, and an account of some foreign prisons, Warrigton1777 Ed. Willima Eyres, L'état des prisons, des hôpitaux et des maisons de force en Europe au XVIIIe siècle, nouvelle Trad. Ch. Carlier et J-G Petit, Ed. De l'Atelier Paris 1994.

[9] A. Leca, « 1834 : le "moment Tocqueville", quand la santé est devenue un critère dans la politique pénitentiaire», in Santé et Prison, Les cahiers de droit de la santé n°21 déc.2015, Dir. G. Casile-Hugues, p. 18.

la singularité et le caractère problématique du débat éthique et juridique autour de la médecine en milieu carcéral »[10].

Le constat peut être fait d'une préoccupation juridique et éthique[11] forte quant à la reconnaissance d'un "droit à la santé" en milieu de privation de liberté.

Les questions soulevées à l'occasion de notre colloque palois nous conduisent à nous interroger de façon pluridisciplinaire sur la question de l'effectivité du droit à la santé du détenu (I). Mais il conviendra d'aborder une autre question ... qu'est-ce que le "droit à la santé", qu'est-ce que la santé, qu'est qu'une relation de soin ? La situation particulière du détenu peut elle nous conduire à appréhender différemment ces problématiques (II) ?

I. L'effectivité du "droit à la santé"

On le sait le juriste est un obsédé textuel et envisage parfois les questions sur le seul plan des sources du droit, sans se préoccuper d'autres considérations. Assurément le passage par les sources du droit est important mais il ne saurait être exclusif. L'abord des questions d'application du droit et du contrôle réalisé est tout aussi prégnants.

Le droit à la santé est affirmé, appliqué, contrôlé.

A. Le droit à la santé est un droit affirmé

Nous avons entendu à l'occasion de cette journée de colloque que les sources supranationales jouent un rôle essentiel.

La Convention Américaine des Droits de l'homme et la jurisprudence de la Cour Interaméricaine des Droits de l'homme (CIDH) permettent d'envisager l'implication et la responsabilité des Etats membres sur les violations des droits de l'homme.

---

[10] P. Girolami, Médecine et prison entre éthique et droit, LEH 2013, p.14, www.bnds.fr

[11] P. Mistretta, La santé de la personne détenue, in Les Grands Avis du Comité National d'Ethique, LGDJ 2013, Dir. E. Martinez et F. Vialla, p. 645 ; M. Guigue, « Le problème majeur et persistant de l'accès aux soins dans les prisons françaises dénoncé par l'avis du Comité Consultatif National d'Éthique du 26 octobre 2006 », RDS, n° 17, 2007, p. 369-374, www.bnds.fr

Un intérêt particulier est porté aux obligations qu'ont les Etats de fournir les éléments essentiels de la vie tels que la nourriture, l'eau potable, l'assainissement, l'éducation et la santé[12].

Sur le vieux continent, la Convention EDH n'aborde pas de front la question du droit à la santé en prison[13], mais de manière indirecte la jurisprudence de la Cour de Strasbourg intervient abondamment sur la question de la santé au prisme du droit Européen des droits de l'homme. Ont été évoqués au cours de la journée les articles 2[14], 3[15], 8[16], 14[17] de la Convention Européenne des droits de l'homme.

---

[12] Protocole additionnel à la Convention Américaine des Droits de l'Homme sur les Droits Économiques, Sociaux et Culturels art. 10, 2, b ; PROTOCOLE ADDITIONNEL A LA CONVENTION AMERICAINE RELATIVE AUX DROITS DE L'HOMME TRAITANT DES DROITS ECONOMIQUES, SOCIAUX ET CULTURELS, "PROTOCOLE DE SAN SALVADOR", Adopté à San Salvador, El Salvador le 17 novembre 1988 : Article 10 : **Droit à la santé** :

« 1. Toute personne a droit à la santé qui est considérée comme le droit de jouir du meilleur état de santé physique, mentale et sociale.

2. Afin d'assurer le plein exercice du droit à la santé, les Etats parties s'engagent à reconnaître ce droit comme un bienfait public et notamment à adopter pour garantir l'exercice de ce droit les mesures suivantes:

a. l'octroi des soins primaires de santé, autrement dit, la mise à la disposition de tous les individus et de toutes les familles de la communauté de l'aide médicale essentielle;

b. l'extension des services de santé à tous les individus relevant de la juridiction de l'Etat;

c. l'immunisation complète contre les principales maladies infectieuses;

d. La prophylaxie et le traitement des maladies endémiques, professionnelles et autres;

e. L'information de la population sur la prévention et le traitement des problèmes de santé;

f. La solution des problèmes de santé des groupes à plus haut risque et qui sont plus vulnérables à cause de leur pauvreté ».

[13] J-P. Céré, La protection européenne du droit à la santé des détenus, *in* Santé et Prison, Les cahiers de droit de la santé n° 21 déc.2015, Dir. G. Casile-Hugues, p. 29 et s.

[14] **Droit à la vie :** « 1. Le droit de toute personne à la vie est protégé par la loi. La mort ne peut être infligée à quiconque intentionnellement, sauf en exécution d'une sentence capitale prononcée par un tribunal au cas où le délit est puni de cette peine par la loi. 2. La mort n'est pas considérée comme infligée en violation de cet article dans les cas où elle résulterait d'un recours à la force rendu absolument nécessaire : a) pour assurer la défense de toute personne contre la violence illégale ; b) pour effectuer une

L'impulsion du droit européen et des instances européennes est véritable sur les questions d'hygiène, de prophylaxie, d'éducation à la santé pour les détenus.

Au titre des obligations négatives, les Etats ne doivent pas interférer sur la santé, sauf justification conventionnelle. Relativement aux obligations positives, sur le fondement des articles 2, 3, 8 voire 14 de la Convention, il leur incombe de s'abstenir de menacer la vie ou de placer le sujet dans une situation créant des risques graves ; d'infliger des traitements de nature à atteindre santé physique, psychique ou mentale des individus ; au titre du respect dû à la vie privée, un écho particulier existe dans le champ de la santé, le droit à l'intégrité et à l'autonomie notamment au prisme du refus ou de la demande d'un traitement ; l'interdiction de toute forme de discrimination est, elle aussi, essentielle quant à l'accès au soin des détenus.

Appréhendée comme un principe matriciel la dignité de la personne, appréciée *in concreto* et non *in abstracto*, est assurément le creuset des droits reconnus en la matière.

Par delà les sources internationales, les droits internes doivent être abordés. On songe généralement aux règles de droit pénal et à

---

arrestation régulière ou pour empêcher l'évasion d'une personne régulièrement détenue ; c) pour réprimer, conformément à la loi, une émeute ou une insurrection ».

[15] **Interdiction de la torture** : « Nul ne peut être soumis à la torture ni à des peines ou traitements inhumains ou dégradants » ; M. Morlaas-Courties, « Traitement inhumain et dégradant (art. 3 CEDH) et lacune dans l'administration des soins médicaux adaptés aux besoins des détenus », RDS, n° 44, 2011, p. 679-681, www.bnds.fr ; M. JAOUL, « Le retard dans les soins du détenu n'est pas constitutif d'un traitement inhumain et dégradant », RDS, n° 62, 2014, p. 1704-1707, www.bnds.fr

[16] **Droit au respect de la vie privée et familiale** : « 1. Toute personne a droit au respect de sa vie privée et familiale, de son domicile et de sa correspondance. ; 2. Il ne peut y avoir ingérence d'une autorité publique dans l'exercice de ce droit que pour autant que cette ingérence est prévue par la loi et qu'elle constitue une mesure qui, dans une société démocratique, est nécessaire à la sécurité nationale, à la sûreté publique, au bien-être économique du pays, à la défense de l'ordre et à la prévention des infractions pénales, à la protection de la santé ou de la morale, ou à la protection des droits et libertés d'autrui.

[17] **Interdiction de discrimination** : « La jouissance des droits et libertés reconnus dans la présente Convention doit être assurée, sans distinction aucune, fondée notamment sur le sexe, la race, la couleur, la langue, la religion, les opinions politiques ou toutes autres opinions, l'origine nationale ou sociale, l'appartenance à une minorité nationale, la fortune, la naissance ou toute autre situation ».

celles relatives à la procédure pénale dont on a souligné combien l'évolution était grande en France depuis 1994.

Mais il faut aussi remarquer que les sources peuvent encore avoir pour origine le droit de la santé. Ainsi sur la question de la suspension de peine, largement évoquée dans la journée, on a rappelé l'importance des textes adoptés dans ce champ disciplinaire. Ainsi l'article Art 720-1-1 su C P P a-t-il son origine dans l'article 10 de la Loi n°2002-303 du 4 mars 2002 [18] relative aux droits des malades et à la qualité du système de santé.

Ces sources plurielles concourent à affirmer et à réguler la question du "droit à la santé" des détenus. Mais si les textes permettent de considérer que le "droit à la santé" est affirmé, il faut encore vérifier qu'il ait une effectivité pratique et qu'il est réellement appliqué.

Entre la volonté affichée par le législateur et réalité pratique, il y a des hiatus, soulignait M. Faucher au cours de son allocution de ce jour.

B. le droit à la santé est-il un droit appliqué ?

Assurément l'affirmation est faite de l'existence d'un droit d'accès à la santé similaire pour les détenus et les autres citoyens. De la même manière, les droits fondamentaux des patients sont considérés comme bénéficiant aux personnes privées de liberté : secret[19], information[20], autonomie décisionnelle,[21] etc. Mais des atermoie-

[18] JORF 5 mars 2002 ; A. Ponseille, « Étendue du champ d'application de la suspension de la peine pour raisons médicales de l'article 720-1-1 du Code de procédure pénale », RDS, n° 18, 2007, p. 536-539, www.bnds.fr

[19] E. Martinez, le secret professionnel en détention : réalité ou fiction, in Santé et Prison, Les cahiers de droit de la santé n°21 déc.2015, Dir. G. Casile-Hugues, p. 63 et s. ; P. Girolami, Médecine et prison entre éthique et droit, LEH 2013, p.224, www.bnds.fr ; V. Olech, « Quand le Conseil d'État fragilise le secret professionnel médical au nom de la sécurité carcérale... », RDS, n° 60, 2014, p. 1455-1458 et « Soins médicaux en milieu carcéral: confusion des rôles et partage des secrets », RDS, n° 63, 2015, p. 96-99. www.bnds.fr

[20] R. Bourret, D. Cazaldes, E. Martinez et F. Vialla, Détenus et droit à l'information RDS 2014, n° 59, chronique p. 1203 à 1210, www.bnds.fr

ments et des imperfections dans la mise en œuvre des droits reconnus ont été évoqués à plusieurs reprises au cours des débats.

Il a été souligné que les objectifs affirmés d'un droit à l'accès[22], à la qualité et à la continuité des soins, dans des conditions équivalentes avec le reste de la population, sont confrontés au constat d'un réel décalage pratique.

Une ambivalence se fait jour dans les objectifs mêmes de la mise en œuvre du droit "à la santé" pour les détenus : la priorité consiste-t-elle à prendre en soin de la personne ou vise-t-elle à éviter qu'elle contracte une pathologie nouvelle ?

Nous avons vu à quel point au Brésil cette question est préoccupante eu égard, d'une part à la prévalence du VIH, de la syphilis de la tuberculose et, d'autre part, aux conditions d'incarcération. La problématique existe aussi en France[23]. Ainsi sur le plan santé mentale[24], par exemple, il nous a été rappelé que l'incarcération peut être un facteur déclenchant ou d'aggravation des troubles. L'incarcération elle-même et les conditions de détention favorisent donc l'apparition ou la révélation des troubles !

Paraphrasant et détournant FOUCAULT dans « Surveiller et punir » (« La prison ne peut pas manquer de fabriquer des délinquants »), on pourrait alors se demander si « la prison ne peut pas manquer de fabriquer des malades » ? Faut-il rappeler, ici, la proposition Hippocratique : « Avoir, dans les maladies, deux choses en vue: être utile ou du moins ne pas nuire »[25]. Si le détenu est privé de sa liberté d'aller et venir, d'autres droits fondamentaux doivent être préservés. Le "droit à la santé", entendu comme le droit à la

---

[21] G. Nicolas, Le consentement aux soins en milieu carcéral, , in Santé et Prison, Les cahiers de droit de la santé n°21 déc.2015, Dir. G. Casile-Hugues, p.139 ; C. Kazanchi, Le temps carcéral et les soins pénalement obligés, , in Santé et Prison, Les cahiers de droit de la santé n°21 déc.2015, Dir. G. Casile-Hugues, p. 207.

[22] J. Perrin, « Présentation du principe de l'accès au soin des détenus consacré par la loi pénitentiaire du 24 novembre 2009 », RDS, n° 35, 2010, p. 258-260. www.bnds.fr

[23] Sur la prévalence de certaines pathologie V. P. Girolami, Médecine et prison entre éthique et droit, LEH 2013, p. 223, www.bnds.fr

[24] J. Gaté, « Régime juridique du détenu malade psychiatrique : double peine ou double protection ? », RGDM, n° 47, 2013, p. 51-72, www.bnds.fr

[25] Hippocrate, Epidémies, Trad. E LITTRE, Ed. J-B BAILLIERE, Paris 1841.

protection de la santé, auquel s'ajoutent les stipulations de l'article 3 de la Convention EDH qui conduisent à considérer que les conditions d'incarcération ne devraient pas conduire à la dégradation de l'état de santé du détenu.

Ces nouveaux malades "fabriqués" par l'environnement carcéral sont assurément les détenus, mais la question mériterait d'être étendue aux personnels dont la santé peut être altérée.

La question des frontières de la vie[26], naissance et fin de vie[27] en milieu carcéral, pose aussi un certain nombre de questions quant au décalage existant entre les discours de principe du droit et les réalités pratiques.

La problématique de l'effectivité du droit conduit à rappeler une évidence, le droit n'est pas une fin mais un moyen, un outil dans les mains de femmes et d'hommes de plus ou moins bonne volonté. L'efficacité des dispositifs dépend de la coordination et de l'investissement de ceux qui sont en charge de les mettre en œuvre.

On a souligné au cours de la journée l'existence de "points de friction" nombreux, l'intention humanitaire serait loin d'être partagée par tous les acteurs, comme si le "droit à la santé" pouvait s'ériger en cheval de Troie des détenus.

La mise en œuvre d'un droit "à la santé" des personnes incarcérées démontrerait une plus grande préoccupation des détenus que des victimes, comme si la bienveillance ne pouvait être divisée. Peut être peut on se hasarder à dire que ce qui fait la différence entre la faute du délinquant et la décision humaniste en matière de santé, c'est précisément la civilisation : « je reconnais et respecte son humanité en dépit de ses fautes et de son "inhumanité" passée ».

On constate, donc, à l'écoute des différents intervenants, que le "droit à la santé" est protégé, mis en œuvre, mais il ressort des communications entendues qu'il est imparfaitement appliqué.

---

[26] F. Vialla, Les frontières de la vie en milieu carcéral : naissance et fin de vie en prison, *in* Santé et Prison, Les cahiers de droit de la santé n°21 déc.2015, Dir. G. Casile-Hugues, p. 219.

[27] G. Casile-Hugues, La fin de vie en milieu carcéral, , in Santé et Prison, Les cahiers de droit de la santé n°21 déc.2015, Dir. G. Casile-Hugues, p.253.

Les difficultés organisationnelles, les délais imposés posent indéniablement des problèmes quant à l'accès aux soins, à cela s'ajoute la lancinante question de la démographie médicale en milieu carcéral.

Le double statut de patient et de détenu pose indéniablement de multiples questions dans la recherche du juste équilibre entre droit et contrainte, les acteurs sont tiraillés entre des injonctions paradoxales.

Ainsi notre vigilance a été attirée par certains intervenants face à de possibles effets pervers d'un système qui pourrait, parfois, avoir tendance à favoriser l'incarcération de certaines personnes souffrant de troubles graves pour leur permettre d'accéder aux soins !

Ces questions évoquées ne sont pas nouvelles, Ricoeur écrivait : « La médecine consulté dans le cadre de la prison ne peut exercer à plein sa vocation définie par le devoir d'assistance et de soins dès lors que la situation même dans laquelle il est appelé à la faire constitue une atteinte à la liberté et à la santé requise précisément par les règles du système carcéral.

Le choix pour le médecin individuel est entre appliquer sans concessions les exigences issues du serment d'Hippocrate, au risque d'être éliminé du milieu carcéral et de consentir aux contraintes constitutives de ce milieu le minimum d'exceptions compatibles avec le respect d'autrui et celui de la règle »[28].

La maladie contractée en milieu carcéral, l'accès aux soins et les injonctions paradoxales évoquées nécessitent que le droit à la santé des détenus sont un droit contrôlé.

C. Un droit contrôlé

Le contrôle opéré par la Cour de Strasbourg[29] et par les juridictions judiciaires[30] ou administratives se révèle une source précieuse

---

[28] P. Ricoeur, Ethique et morale, Lectures I autour du politique Seuil 1991, p. 268

[29] J-P. Céré, La protection européenne du droit à la santé des détenus, in Santé et Prison, Les cahiers de droit de la santé n°21 déc.2015, Dir. G. Casile-Hugues, p. 29 et s. Dans le même ouvrage P. Girolami, Les prisons italiennes et la Cour européenne des droits de l'Homme, quelques remarques concernant l'éthique et le droit médical, p. 87 ; J-P. Vauthier, « Conditions de détention des personnes fragiles psychiquement : la Cour européenne des droits de l'Homme affine sa jurisprudence », RDS, n° 70, 2016, p. 298-302, www.bnds.fr

d'enseignement. Il agit aussi comme un aiguillon forçant la société et les autorités à la réaction. On soulignera à quel point un tel contrôle est important eu égard à la situation particulière du détenu sur les questions de santé. La personne privée de liberté présente, en effet, une double vulnérabilité tenant à la fois à sa qualité de détenu et à la pathologie dont il est atteint.

Le rôle du Contrôleur Général des Lieux de Privation de Liberté s'avère primordial en la matière : « En prison, la personne détenue doit être prise en charge dans des conditions propres à favoriser sa réinsertion. Même si la sanction, est l'un des objectifs de l'incarcération, elle ne doit jamais en être le but exclusif. Dès lors, le maintien des liens familiaux, l'enseignement, la formation professionnelle, l'accès au travail, l'accès aux soins, l'exercice des droits sociaux et le retour à l'emploi doivent accompagner la détention. Or, trop souvent, ces droits fondamentaux sont sacrifiés au nom de la sécurité, ou limités en raison du manque d'effectifs ou de la surpopulation »[31].

Le contrôle opéré permet de dresser d'alarmants constats, « On voit en effet que la surpopulation carcérale est toujours anormalement élevée, que des détenus hospitalisés continuent d'être soignés menottés ou entravés et en présence de personnel pénitentiaire, et en viennent à renoncer aux soins pour ces raisons, [...]. La liste des atteintes aux droits des personnes privées de liberté est encore bien longue »[32]. Au nombre des problèmes soulevés, on dénombre : l'accès aux soins, singulièrement lorsqu'il s'agit de l'accès à une médecine de spécialité, la difficulté d'obtenir certains dispositifs médicaux comme des lunettes de vue, etc. Soulignons que ces atteintes ne sont pas le seul fait des personnels pénitentiaires : « Il est

---

[30] A. Mettetal, « Prise en charge médicale et privation de liberté », RDS, n° 2, 2004, p. 143-145, www.bnds.fr

[31] A. Hazan Avants propos, in CGPL, Rapport d'activité 2015, p. 3, http://www.cglpl.fr/wp-content/uploads/2016/04/Rapport2015-complet.pdf ; CGPL Avis du 16 juin 2015 relatif à la prise en charge des personnes détenues au sein des établissements de santé, http://www.cglpl.fr/wp-content/uploads/2015/07/joe_20150716_0162_0148.pdf ; A. Ponseille, « Avis du 16 juin 2015 du CGLPL relatif à la prise en charge des personnes détenues au sein des établissements de santé », RDS, n° 68, 2015, p. 797-800, www.bnds.fr

[32] *Ibid* p. 5. Et rapport p.24

urgent qu'une formation obligatoire et effective de tous les personnels de santé intervenant, à l'hôpital, auprès de personnes détenues soit mise en place concernant les règles éthiques, le secret médical et le droit des patients détenus »[33]. Ajoutons que si les détenus sont confrontés à un problème d'accès aux soins, il éprouve aussi les mêmes difficultés quant à l'accès au droit.

Affirmé, imparfaitement appliqué et contrôlé le "droit à la santé" des personnes incarcérées demeure source de multiples interrogations. Peut-être peut-on trouver l'origine des difficultés dans la délicate appréhension de ce "droit à la santé".

II. Les contours imprécis du "droit à la santé"

Le "droit à la santé" est il source de droits subjectifs ?

Ne doit-on pas plutôt l'entendre, comme dans l'alinéa 11 du préambule de la Constitution de 1946, comme un droit à la protection de la santé garanti par la Nation ? A l'instar des autres sujets de droit, le détenu ne dispose pas d'un droit opposable à être en bonne santé, il bénéficie, en revanche, du droit de voir sa santé protégée.

On éprouve alors le sentiment un peu diffus que notre société, et certains professionnels, peinent à envisager la question de la santé du détenu comme il l'envisagerait pour toute autre personne. Pourtant ne faut-il pas accepter la proposition selon laquelle « La personne humaine se définit par ce qu'elle est non parce qu'elle fait. Cette approche conduit à reconnaître et à protéger la dignité humaine de tout individu de l'espèce humaine, sans vouloir établir de critères excluants, qui en définitive, ouvrent les portes à l'arbitraire et à l'injustice »[34].

La santé, le droit à la santé, le droit d'accéder aux soins, sont ils à géométrie variable ou un corollaire de la dignité. Quant à la protection de sa santé, le détenu est il une personne à part entière ou doit-on considérer qu'il est une personne à part ?

---

[33] CGPL, Rapport d'activité 2015, p.26

[34] "Les personnes en état végétatif persistant sont-elles des légumes ?", Dossiers de l'institut européen de bioéthique, oct.2006, n° 6

Faut-il considérer que la personne incarcérée ne serait pas revêtue de la même dignité ontologique que les restes des humains ? Sa faute la retranche-t-elle, fut-ce temporairement, de notre humanité ?

Ne faut-il pas, au contraire, s'agissant de sa santé, considérer sa vulnérabilité, sa fragilité, sa dépendance ? La santé en prison peut-elle être une variable d'ajustement ?

Mais, qu'est-ce, donc précisément que la santé dont nous débattons ?

On rappellera que pour l'Organisation mondiale de la Santé, « La santé est un état de complet bien-être physique, mental et social et ne consiste pas seulement en une absence de maladie ou d'infirmité. La possession du meilleur état de santé qu'il est capable d'atteindre constitue l'un des droits fondamentaux de tout être humain, quelles que soient sa race, sa religion, ses opinions politiques, sa condition économique ou sociale »[35].

Cette approche globale de la santé est aussi présente dans le champ du droit de la santé, du droit pénal et du droit de l'application des peines.

S'agissant du droit à la protection de la santé, on remarquera que les dispositions de l'article L1110-1 du Code de la Santé Publique précisent que « Le droit fondamental à la protection de la santé doit être mis en oeuvre par tous moyens disponibles au bénéfice de toute personne[36]. Les professionnels, les établissements et réseaux de santé, les organismes d'assurance maladie ou tous autres organismes participant à la prévention et aux soins, et les autorités sanitaires contribuent, avec les usagers, à développer la prévention, garantir l'égal accès de chaque personne aux soins nécessités par son état de santé et assurer la continuité des soins et la meilleure sécurité sanitaire possible ».

Que le détenu bénéficie de ce droit fondamental ne saurait surprendre.

---

[35] http://www.who.int/governance/eb/who_constitution_fr.pdf ; La Constitution a été adoptée par la Conférence internationale de la Santé, tenue à New York du 19 juin au 22 juillet 1946.

[36] Nous soulignons

S'agissant de la médecine et de son rôle, en particulier en milieu carcéral, on peut souligner l'importance de la racine indo-européenne « Med », qui signifie « mettre de l'ordre »

On retrouve cette racine dans les termes remède, remédier, médiation, méditation. Ainsi le médecin médite et remédie.

Dans son rôle de thérapeute, le soignant doit se souvenir du sens même du mot « thérapeutique ». S'il est aujourd'hui souvent entendu comme la quête de la guérison[37], c'est oublier que θεραπευτικο ́ς signifie « qui prend soin de », « qui concerne le soin qu'on prend de quelqu'un ou de quelque chose » et θεραπευτικη ́ « l'art de prendre soin »[38]. Le rôle du soignant est ambivalent pratiquer la curation, rechercher la guérison, mais aussi prendre soin du sujet. Il lui reviendra parfois de guérir mais plus souvent de chercher à restaurer un « pouvoir être ». On mesure alors l'ampleur de la tâche et les difficultés auxquels seront confrontés les soignants en milieu carcéral. Comment ne pas répéter ici que « Med » signifie le retour à l'ordre à partir du chaos et que toute médecine se veut remédiatrice par essence. Cette proposition prend tout son sens s'agissant de la santé en prison. Le recours à la « Teknè » n'est pas exclusif, les devoirs du soignant vont au delà, il doit prendre soin de la personne vulnérable. Assurément on a pu constater que « Peu à peu, la médecine moderne, aux connaissances de plus en plus développées, a fini par considérer la maladie plutôt que le malade. Le médecin tend à devenir un « technicien de l'organe malade », et le malade un « usager de la médecine », voire un simple consommateur »[39]. Mais il faut affirmer avec force que l'attente du patient et les devoirs des soignants dépassent cette dimension.

---

[37] http://dictionnaire.academie-medecine.fr V° thérapeutique : « 1) Discipline médicale qui se consacre aux moyens pouvant être utilisés pour supprimer une maladie ou corriger les lésions produites par un traumatisme et prévenir leurs séquelles. 2) Traitement prescrit à un malade".

[38] F. Vialla, « Salutat vos lucas medicus carissimus » l'ambivalence des devoirs du médecin, in Mélanges offert au Pr. G. MEMETTEAU, Les Études Hospitalières, oct.2015, p.209 à 226.

[39] Rapport penser solidairement la fin de vie (Sicard) p. 28 « Partie II, la médecine désarmée », http://www.ladocumentationfrancaise.fr/rapports-publics/124000675/

On peut alors considérer que, comme toute personne, le détenu devrait bénéficier du dispositif légal des droits des patients[40]. Assurément on se heurte alors à une première difficulté. En effet, « la fiction juridique du droit des malades repose sur une égalité des statuts [...] (médecin et malade seraient des sujets de droit) mais qui ne peut feindre d'ignorer que l'égalité ne fait pas la similitude. Que le malade soit sujet de droit n'enlève pas la dépendance qui fait que, dans sa demande de soin, il est dépendant, vulnérable, fragilisé au point de ne pouvoir choisir seul, ou être laissé seul dans la solitude du choix, exalté au nom de l'autonomie. [...] La reconnaissance récente de l'autonomie de l'usager en droit de la santé n'annihile pas cette dépendance mais interroge la possibilité d'une autonomie dans la dépendance. On rappellera alors que l'autonomie est un droit qui désigne aussi bien une condition relationnelle et contractuelle initiale qu'un horizon à atteindre, un cadre et une fin » [41]. Si la maladie et signe de vulnérabilité, la situation particulière du détenu ajoute à sa dépendance.

Le soignant confronté à un patient détenu doit faire un double effort pour reconnaître dans son interlocuteur son pair en statut.

Ici la place de l'humanisme médical s'avère essentielle. Rappelons que l'Humanisme est ainsi défini par le dictionnaire de l'Académie française : « 3. Doctrine, attitude philosophique, mouvement de pensée qui prend l'homme pour fin et valeur suprême, qui vise à l'épanouissement de la personne humaine et au respect de sa dignité ». La proximité avec les dispositions de l'article 16 du Code civil est notable : « La loi assure la primauté de la personne, interdit tout atteinte à la dignité de celle-ci et garantit le respect de l'être humain dès le commencement de sa vie ». L'humanisme voudrait que le soignant ne voie que la personne souffrante et non le détenu dans le colloque singulier qu'il noue avec lui.

La relation binaire, médecin – patient, a, en effet, été qualifiée de « colloque singulier »[42] : « L'expression a fait fortune, l'acte médical

---

[40] M. Ballanger, L'effectivité des droits des détenus en tant que patients, Bordeaux, LEH Édition, 2016, Mémoires numériques de la BNDS, www.bnds.fr

[41] J.-P. Pierron, Une nouvelle figure du patient ? Les transformations contemporaines de la relation de soins, Sciences sociales et santé, 2007, n° 25-2, p. 43.

[42] Duhamel (1884 - 1966) : « le colloque du médecin et du malade est essentiellement un colloque singulier, un duo entre l'être souffrant et celui dont il attend délivrance.

est un colloque singulier, c'est-à-dire une espèce de duo qui ne comporte dans le silence du cabinet que deux personnages : le médecin et le malade. C'est un acte clos dans l'espace et dans le temps qui commence par une confession, qui se continue par un examen et qui se termine par une prescription. Il y a unité de temps, de lieu et d'action. Cette rencontre, on l'avoue bien, est celle d'une technique scientifique et d'un corps, mais on aime à souligner que se sont essentiellement deux âmes, ou, si l'on préfère, un langage plus moderne, deux personnes humaines qui réagissent l'une sur l'autre »[43].

Précisément, s'agissant d'un patient détenu la possibilité même du colloque singulier hippocratique est souvent remise en cause : « la violation du secret médical est quasi systématique. Arguant de motifs de sécurité, le personnel de surveillance est constamment présent au coté des personnes détenues, il assiste aux consultations et aux examens médicaux, aux explications des médecins et, dans de rares cas, à des interventions chirurgicales, quand bien même la personne serait endormie. [...] l'hygiène n'est que très peu garantie : la toilette s'effectue systématiquement sur demande et accompagnée d'un gardien, avec la porte ouverte [...] »[44]. Dans un tel contexte, la confiance[45] qui est traditionnellement présentée comme le socle de la relation de soin peinera à s'instaurer. Le détenu peut-il avoir confiance dans le soignant, ne doutera-t-il pas de sa loyauté ? Le principe cardinal de l'indépendance du professionnel de santé est ici, plus qu'ailleurs peut-être, essentiel.

Camus écrivit un jour qu'« Une société se juge à l'état de ses prisons », peut-être pourrait-on ajouter, aujourd'hui, qu'elle se juge aussi à l'état, de santé, des détenus.

Entre ces deux personnages existe presque toujours un secret » in Paroles de médecin 1946 : « Entre le médecin de famille et l'homme souffrant s'engageait ce qu'il m'est arrivé d'appeler déjà « un colloque singulier», un colloque d'homme à homme » in Problèmes de l'heure 1957

[43] Pequignot, Médecine et monde moderne, Les Editions de Minuit, Paris 1953.

[44] CGPL, Rapport d'activité 2015, p.25.

[45] Dictionnaire de l'Académie Française, V° CONFIANCE « n. f. XIIIe siècle, confiance 1. Espérance ferme que l'on place en quelqu'un, en quelque chose, certitude de la loyauté d'autrui ».

Table des matières

Gustavo GARIBALDI
Professeur à l'Université de Buenos-Aires (Argentine)
Magistrat
Aleksandras GONČARKO
Professeur à l'Université Mykolas Romeris (Lituanie)
Avocat
Audrey GUINCHARD
Professeur à l'Université d'Essex (Royaume-Uni)
Mohamed JAOUHAR
Professeur à l'Université de Casablanca (Maroc)
Vice Doyen de la Faculté de Droit
Christian JAËGER
Professeur à l'Université de Bayreuth (Allemagne)
Manon JENDLY
Professeur à l'Université de Lausanne (Suisse)
Ahmed KHALIFA
Professeur à l'Université Ain Shams du Caire (Egypte)
André KUHN
Professeur à l'université de Neuchâtel (Suisse)
Katalin LIGETI
Professeur à l'Université du Luxembourg (Luxembourg)
Valérie MALABAT
Professeur à l'Université de Bordeaux (France)
Directrice de l'Institut de sciences criminelles et de la justice
Carlos Alberto MAHIQUES
Président de chambre du Tribunal de Cassation pénal, Buenos Aires (Argentine)
Professeur à l'Université de Buenos Aires
Mostefa MAOUENE
Professeur à l'Université Sidi bel abbès (Algérie)
Anabela MIRANDA RODRIGUES
Professeur à l'Université de Coimbra (Portugal)
Doyen de la faculté de droit
Yvan MONTOYA
Professeur à l'Université Pontificale Catholique du Pérou à Lima (Pérou)
Philomene NASR
Professeur à l'Université Libanaise (Liban)
Doyen honoraire de la Faculté de droit

Nicky PADFIELD
Professeur à l'Université de Cambridge (Royaume-Uni)
Théodore PAPATHEODOROU
Recteur de l'Université du Péloponnèse (Grèce)
Hugues PARENT
Professeur à l'Université de Montréal (Canada)
Priit PIKAMÃE
Président de la Chambre criminelle à la Cour Suprême d'Estonie (Estonie)
Xavier PIN
Professeur à l'Université de Lyon 3 (France)
Jean PRADEL
Professeur émérite de l'Université de Poitiers (France)
Président honoraire de l'Association Française de Droit Pénal
Pierre RAINVILLE
Professeur à l'Université de Laval (Canada)
Joan Miquel RASCAGNERES
Avocat au Barreau d'Andorre (Andorre)
Ancien Bâtonnier
Ancien Membre du CPT (Conseil de l'Europe)
Jean-Christophe SAINT-PAU
Professeur à l'Université de Bordeaux (France)
Doyen de la faculté de droit
Altin SHEGANI
Professeur à l'Université de Tirana (Albanie)
Doyen de la Faculté de droit
Mana SCHIMAPKA
Professeur à l'Université d'Osaka (Japon)
Yuji SHIRATORI
Professeur à l'Université d'Okkaido (Japon)
Rosaria SICURELLA
Professeur à l'Université de Catania (Italie)
Piotr STENIAK
Professeur à l'Université de Poznan (Pologne)
Florin STRETEANU
Professeur à l'Université de Cluj-Napoca (Roumanie)
Doyen de la Faculté de Droit
Anas TALBI
Professeur à l'Université de Marrakech (Maroc)

Tudorel TOADER
Professeur à l'Université de Lasi (Roumanie)
Doyen de la Faculté de droit
Membre de la Cour constitutionnelle
Hongyu WANG
Professeur à l'Université de Hainan (Chine)
Xiaowei ZHANG
Professeur à l'Université de Shangai (Chine)

Questions juridiques

aux éditions L'Harmattan

Dernières parutions

LES OBJECTIFS DE LA RÉGULATION ÉCONOMIQUE ET FINANCIÈRE
Sous la direction de Gabriel Eckert et Jean-Philippe Kovar
Les buts de la régulation économique et financière impriment profondément le droit de la régulation mais semblent avoir considérablement évolué depuis une trentaine d'années. Ainsi l'objectif traditionnel de la construction de marchés concurrentiels, dans des secteurs anciennement sous monopole ou très fortement réglementés, est complété par de nouveaux objectifs extraconcurrentiels. La diversité des buts assignés aux régulateurs oblige les autorités de régulation à opérer une conciliation des objectifs au risque de dénaturer leur office.
(Coll. Logiques Juridiques, 28.50 euros, 276 p.)
ISBN : 978-2-343-11504-7, ISBN EBOOK : 978-2-14-003398-8

LA RESPONSABILITÉ CIVILE DES ENSEIGNANTS EN CAS D'ACCIDENT SCOLAIRE
Brusorio Aillaud Marjorie
Le régime de responsabilité civile des enseignants en cas d'accident scolaire fut envisagé dans le Code civil dès 1804 puis modifié en 1899 et 1937. La loi est actuellement inadaptée et critiquée à la fois par les victimes et les enseignants, mais les tentatives de la jurisprudence pour la réformer se révèlent insuffisantes. Il faut rechercher un autre fondement pour engager la responsabilité civile de l'enseignant ou un autre débiteur que ce dernier, afin que les victimes d'accidents scolaires obtiennent facilement réparation.
(Coll. Logiques Juridiques, 55.00 euros, 750 p.)
ISBN : 978-2-343-11346-3, ISBN EBOOK : 978-2-14-003367-4

SPORT ET DROIT EUROPÉEN
Miège Colin
Le droit européen a eu une influence déterminante sur le sport, à mesure que celui-ci devenait une activité économique à part entière. Lorsque le sport a été intégré dans les compétences de l'Union par le traité de Lisbonne en 2007, les organisations sportives avaient déjà subi de plein fouet l'impact du droit européen avec notamment l'arrêt Bosman de 1995. Voici un panorama complet

des règlements ou décisions de justice qui ont eu un impact sur le sport depuis les débuts de la construction européenne.
(Coll. Le Droit aujourd'hui, 34.00 euros, 328 p.)
ISBN : 978-2-343-11822-2, ISBN EBOOK : 978-2-14-003468-8

LES INNOVATIONS CRIMINOLOGIQUES
Sous la direction de Erwan Dieu
Ce livre s'attelle à circonscrire la théorie et la pratique des modèles d'évaluation et d'accompagnement des auteurs et victimes d'infractions via des présentations d'outils d'exercices et de programmes. Les populations visées sont variées : problèmes d'addiction, de violence, d'infraction sexuelle ou conjugale, etc. Au sein des différents chapitres, des présentations de méthodes concrètes explicitent les modèles qui aujourd'hui démontrent des effets pertinents.
(Coll. Logiques des pénalités contemporaines, 39 euros, 406 p.)
ISBN : 978-2-343-11337-1, ISBN EBOOK : 978-2-14-003517-3

70 ANS DE JUSTICE PÉNALE DES MINEURS
Entre spécialisation et despécialisation
Beddiar Nadia
L'année 2015 marque la célébration des 70 ans de l'ordonnance du 2 février 1945 relative à l'enfance délinquante. Par ce texte, la France a institué, après bien d'autres pays, une justice et un traitement pénal des mineurs véritablement spécifiques. Cet anniversaire offre l'occasion de revenir sur le passé, d'aborder le présent et de se projeter dans l'avenir de cette justice qui se veut singulière. Cet ouvrage permettra au lecteur d'apprécier la richesse des débats et les enjeux fondamentaux de ce sujet pour notre société.
(Coll. Colloques et rencontres, 20.50 euros, 196 p.)
ISBN : 978-2-343-11815-4, ISBN EBOOK : 978-2-14-003530-2

LA JURISPRUDENCE ET LA DOCTRINE
Barraud Boris
La jurisprudence est l'un des phénomènes juridiques les plus problématiques, comme source du droit réel mais non officielle. Ce livre retrace son parcours dans l'histoire de la pensée juridique, longtemps dominée par le légicentrisme. Il s'intéresse également à la difficile identification doctrinale des jugements, arrêts et décisions à portée jurisprudentielle. Il s'attache enfin à la jurisprudentialisation du droit, qui constitue l'une des données les plus remarquables du droit contemporain, ainsi qu'aux critiques que la doctrine adresse à un droit trop abandonné au « gouvernement des juges ».
(Coll. Le Droit aujourd'hui, 29.00 euros, 290 p.)
ISBN : 978-2-343-11552-8, ISBN EBOOK : 978-2-14-003187-8

MESURER LE PLURALISME JURIDIQUE
Une expérience
Barraud Boris
Cet ouvrage propose une approche et une analyse scientifiques et statistiques du pluralisme juridique. Défini en tant que coexistence de sources étatiques et non étatiques de règles de droit, le pluralisme juridique appelle à la fois une réponse

théorique et empirique. Ce livre procède à une enquête de terrain et pose les jalons de ce travail scientifique visant à évaluer l'effectivité du pluralisme juridique en n'ayant d'égards que pour les seuls faits normatifs.
(Coll. Le Droit aujourd'hui, 32.00 euros, 308 p.)
ISBN : 978-2-343-11264-0, ISBN EBOOK : 978-2-14-003156-4

L'EXPERTISE SOUS LE REGARD DE LA PSYCHANALYSE
« Faux-Pas » ou la question des mères
Villa-Portenseigne Arlette
C'est toujours un enrichissement personnel et professionnel pour un-e psychologue que d'être nommé-e par la justice pour éclaircir les zones d'ombre qui obscurcissent la vérité. De pratique hospitalière en expertises judiciaires, la psychanalyse a fait voyager l'auteure de cet ouvrage dans tout ce qu'il y a d'intime dans l'être humain. Au-delà des crimes dont la chronique se fait régulièrement l'écho, ce livre émerge d'une réflexion sur la pratique. Croisant les démarches des juges, des soignants et des travailleurs sociaux, il témoigne des ressources de la clinique face aux itinéraires complexes des individus confrontés à la loi.
(Coll. Psycho-Logiques, 17.50 euros, 164 p.)
ISBN : 978-2-343-11083-7, ISBN EBOOK : 978-2-14-003119-9

LE DROIT DU BIEN-ÊTRE ANIMAL DANS LE MONDE
Évolution et universalisation
Brels Sabine
En ce début de XXIe siècle, les consciences s'éveillent de plus en plus à la protection des animaux. La société reconnaît aujourd'hui la sensibilité de ces êtres vivants et le droit à la protection de leur bien-être contre les souffrances évitables qui leur sont infligées. Un tournant s'opère et modifie profondément notre rapport aux animaux dans la société comme dans le droit. Cet ouvrage fait état de la protection juridique du bien-être animal à l'échelle mondiale et de la possibilité d'établir une protection universelle à l'ONU.
(Coll. Le Droit aujourd'hui, 42.00 euros, 500 p.)
ISBN : 978-2-343-10666-3, ISBN EBOOK : 978-2-14-003201-1

ANNALES DE LA FACULTÉ DE DROIT ET SCIENCE POLITIQUE DE NICE
Année 2016
Strickler Yves
Comme les éditions précédentes, ces annales de l'année 2016 parcourent des domaines très variés passant par l'histoire (affaire Calas), l'actualité (laïcité, statut du Ministère public, relations amoureuses au travail, lanceur d'alertes etc.) sans négliger les questions de principe (la liberté académique).
(Coll. Droit privé et sciences criminelles, 36.00 euros, 354 p.)
ISBN : 978-2-343-11519-1, ISBN EBOOK : 978-2-14-003271-4

MÉLANGES EN L'HONNEUR DU DOYEN ROGER BERNARDINI
Parcours pénal
Les « mélanges » sont un recueil d'articles rédigés par ses amis en hommage à un maître. Le doyen Roger Bernardini a été un grand serviteur de l'Université

et fait partie de ces professeurs qui marquent les esprits. Ses amis ont choisi, pour intitulé de ses mélanges « Parcours pénal », champ qu'il n'a jamais cessé d'arpenter, d'explorer, d'approfondir et de rénover.
(Coll. Droit privé et sciences criminelles, 32.50 euros, 315 p.)
ISBN : 978-2-343-10962-6, ISBN EBOOK : 978-2-14-002983-7

OHADA
Traité de fiscalité des entreprises (Première édition)
Amboulou Hygin Didace
La politique fiscale est souvent reconnue comme le domaine par excellence où chaque État exerce sa souveraineté économique en fonction de ses réalités, ses objectifs et ses potentialités. Mais pour réussir l'intégration économique de l'espace OHADA, encourager les investissements, assainir l'environnement des affaires et atténuer la pression fiscale sur les entreprises, les États doivent harmoniser, unifier ou coordonner leurs politiques fiscales. C'est l'objet de ce traité.
(Coll. Études africaines, 29.00 euros, 278 p.)
ISBN : 978-2-343-10523-9, ISBN EBOOK : 978-2-14-003211-0

OHADA
Code des investissements et des activités économiques (première édition)
Amboulou Hygin Didace
Pour mieux accompagner les opérateurs économiques de toutes origines et promouvoir ainsi les investissements, les États membres de l'OHADA disposent chacun d'une législation et d'une réglementation qui régissent l'ensemble des activités économiques, celles des petites et moyennes entreprises et celles des petites et moyennes industries. En attendant l'harmonisation de ces différentes législations, les voici présentées pour chaque État concerné.
(Coll. Études africaines, 42.00 euros, 464 p.)
ISBN : 978-2-343-10520-8, ISBN EBOOK : 978-2-14-003208-0

OHADA
Traité de droit des transports de marchandises par route et des opérations de dédouanement (première édition)
Amboulou Hygin Didace
Pour mieux comprendre la place qu'occupe le droit des transports dans la politique d'intégration économique des États membres de l'OHADA, ce livre analyse en profondeur les dispositions de l'Acte uniforme du 22 mars 2003 et celles de la Convention de Genève dite «CMR» du 19 mai 1956 encore applicable, ces deux législations étant complémentaires et relatives au contrat de transport de marchandises par route. Grâce à une actualité juridique récente et sélectionnée, ce livre s'impose comme un outil de travail de référence, avec un apport remarquable sur la procédure de dédouanement.
(Coll. Études africaines, 31.00 euros, 306 p.)
ISBN : 978-2-343-10524-6, ISBN EBOOK : 978-2-14-003213-4

L'HARMATTAN ITALIA
Via Degli Artisti 15; 10124 Torino
harmattan.italia@gmail.com

L'HARMATTAN HONGRIE
Könyvesbolt ; Kossuth L. u. 14-16
1053 Budapest

L'HARMATTAN KINSHASA
185, avenue Nyangwe
Commune de Lingwala
Kinshasa, R.D. Congo
(00243) 998697603 ou (00243) 999229662

L'HARMATTAN CONGO
67, av. E. P. Lumumba
Bât. – Congo Pharmacie (Bib. Nat.)
BP2874 Brazzaville
harmattan.congo@yahoo.fr

L'HARMATTAN GUINÉE
Almamya Rue KA 028, en face
du restaurant Le Cèdre
OKB agency BP 3470 Conakry
(00224) 657 20 85 08 / 664 28 91 96
harmattanguinee@yahoo.fr

L'HARMATTAN MALI
Rue 73, Porte 536, Niamakoro,
Cité Unicef, Bamako
Tél. 00 (223) 20205724 / +(223) 76378082
poudiougopaul@yahoo.fr
pp.harmattan@gmail.com

L'HARMATTAN CAMEROUN
TSINGA/FECAFOOT
BP 11486 Yaoundé
699198028/675441949
harmattancam@yahoo.com

L'HARMATTAN CÔTE D'IVOIRE
Résidence Karl / cité des arts
Abidjan-Cocody 03 BP 1588 Abidjan 03
(00225) 05 77 87 31
etien_nda@yahoo.fr

L'HARMATTAN BURKINA
Penou Achille Some
Ouagadougou
(+226) 70 26 88 27

L'HARMATTAN SÉNÉGAL
10 VDN en face Mermoz, après le pont de Fann
BP 45034 Dakar Fann
33 825 98 58 / 33 860 9858
senharmattan@gmail.com / senlibraire@gmail.com
www.harmattansenegal.com

www.ingramcontent.com/pod-product-compliance
Lightning Source LLC
LaVergne TN
LVHW021225061026
849535LV00008B/2914